AF371408

SOCIAL SELLING

El arte de vender en entornos sociales

Neil Revilla

SOCIAL SELLING

EL ARTE DE VENDER EN ENTORNOS SOCIALES

NEIL REVILLA

*Vender no es la mejor profesión del mundo.
Es solo la única forma de ayudar
a las personas a tomar mejores decisiones.*

A los vendedores,
por ayudar a sus clientes
a resolver sus problemas,
a satisfacer sus necesidades
y a alcanzar sus objetivos.

A Matías, Piero y Taryn,
por apoyarme, acompañarme
y quererme.

A Anselmo,
por enseñarme a poner el foco en
lo importante y no en los resultados.

ÍNDICE

Introducción 13
   ¿Por qué las empresas deben entender el Social Selling?.................13
   Habilidades sociales 14
   Entornos sociales *online* y *offline* 17
   El libro "Social Selling" 18

Capítulo 1
El arte de vender en entornos sociales..19
   La venta en entornos sociales (Social Selling) 19
   Por qué te cuesta vender 23
   ¿Qué aportan las redes sociales a las ventas? 28
   El proceso de compra del cliente de hoy 31

Capítulo 2
Cómo compra la mente de las personas... 35
   Cómo toma decisiones la mente de las personas............................36
   Cómo empezar una relación comercial con una persona, sin
     que esta se dé cuenta de que has iniciado un proceso de venta 41
   Cómo conseguir que un cliente te pida una reunión de venta.........45
   Cómo trabajar las objeciones 47
   Cómo actuar en una reunión de venta 49

Capítulo 3 53
Cómo persuadir a cualquier persona..53
   El secreto de la persuasión...53
   Cómo hacer preguntas para obtener información para persuadir 55
   Cómo influir en la decisión de las personas 71

Capítulo 4
Cómo vender en redes sociales *online* 89
   Cómo usar las redes sociales *online* para vender 89
   Cómo atraer clientes potenciales desde las redes sociales 94
   Cómo iniciar relaciones comerciales con candidatos
     de redes sociales 105

Cómo madurar y convertir candidatos conseguidos
en redes sociales 112

Capítulo 5
Cómo vender usando LinkedIn 123
El proceso de ventas en LinkedIn 126
Cómo vender tu perfil 131
Creación estratégica de la red de contactos..................................137
Forma correcta de presentarse en LinkedIn.................................143
Persuasión en los mensajes en LinkedIn 144
Ejemplos de publicaciones en el muro de LinkedIn.....................150
Creación de contenidos en LinkedIn...152
Pasos para participar en grupos
de forma eficiente..157

Introducción

¿Por qué las empresas deben entender el Social Selling?

Más allá de las técnicas, este libro explica las razones por las que la acción de vender productos, servicios o ideas es tan complicada. Vender es un ejercicio de influencia sobre la decisión de compra de las personas y esta influencia funciona mucho mejor en **entornos sociales**. Un entorno social es cualquier situación en la que nos encontramos con mucha disposición para escuchar y compartir experiencias con otras personas, que pueden ser amigos, familiares o desconocidos.

Una prueba de que la influencia funciona mejor en entornos o situaciones sociales es cuando alguien nos recomienda un restaurante o una película. Estamos predispuestos a recibir esa información como buena para nosotros y no desconfiamos de ese consejo. Sin embargo, este mismo ejemplo cambia si el que nos recomienda el restaurante es el dueño del lugar o el vendedor. En ese caso, pensamos que tiene intereses que no le permiten ser objetivo. Incluso si el que nos recomienda algo es un amigo o familiar, si tiene intereses en ello, no nos fiamos tanto y la predisposición cambia.

Hasta este punto, queda claro que la mejor situación para vender se produce cuando el comprador no percibe intereses del vendedor en el consejo que recibe. Entonces, el objetivo que se plantea es **cómo hacer que el cliente elimine la desconfianza y perciba la recomendación como objetiva**. Para afrontar este reto de vender ejerciendo influencia no son necesarias técnicas sofisticadas, ni tampoco las nuevas tecnologías, Internet o las redes sociales. Lo único que se necesita para afrontar de forma seria el desafío de vender son las **habilidades sociales**.

Habilidades sociales

Poseer habilidades sociales para desenvolverse en ámbitos interpersonales es algo que va más allá del ámbito de las ventas en los negocios. Una persona que ha desarrollado estas capacidades podrá persuadir con facilidad a un amigo, padre, hijo, pareja, socio, etc. Este es un súper poder para ayudar a otras personas a tomar mejores decisiones, ya que han recibido nueva información que sienten objetiva.

La habilidad de persuadir la puede desarrollar cualquiera, pero pocas personas lo consiguen. El error que se suele cometer es pensar que se trata de una receta o de un guion. Sin embargo, **el secreto para persuadir con facilidad está guardado dentro de cada individuo al que queramos convencer**, solo debemos aprender a obtener esa información y, para ello, necesitamos habilidades sociales.

Cuando una empresa no consigue vender lo que le gustaría, culpa a los vendedores de no hacer bien su trabajo, a la crisis o a la competencia. Por otro lado, cuando un vendedor siente que no consigue sus objetivos, culpa a la empresa por no tener un precio adecuado, un producto bueno o por no proveerle de más recursos. Culpar cuando atravesamos una situación adversa no es otra cosa que una carencia de la habilidad social llamada **responsabilidad**. Poner el foco en la responsabilidad que tenemos es pensar en lo que podemos hacer nosotros, lo que depende de nosotros, y no perder el tiempo en las cosas que no podemos controlar como la competencia, la crisis o, en el caso de los vendedores, la falta de ayuda. En resumen, **nadie tiene la culpa de tus circunstancias, pero es tu responsabilidad resolverlas si son desfavorables.**

Existen dos clases de personas y, por tanto, también dos tipos de vendedores: los que construyen y los que no lo hacen. **Las personas que construyen ponen el foco en lo que tienen y en lo que pueden hacer con ello.** Las personas que no construyen ponen el foco en lo que no tienen y en lo que no pueden resolver. Una vez, un vendedor me dijo que no se sentía bien porque su mejor cliente había cambiado de proveedor y que este le suponía el 40 % de sus ventas. Me confesó que tenía la esperanza de que, en algún momento, el otro proveedor fallase en el servicio y así el cliente volviese con él.

En este caso, el foco lo tenía puesto en lo que ya no poseía. No obstante, ¿qué ocurriría si esta persona pensara que tiene la experiencia de haber trabajado con un cliente grande y que esos años le han aportado la experiencia necesaria para presentar propuestas a otras empresas parecidas? Pues que el foco estaría puesto en lo que tiene y en cómo esto le puede ayudar a salir adelante. En resumen, **focalizarnos en lo que tenemos es una habilidad social necesaria para continuar en ventas.**

Una máxima que debemos aceptar todas las personas, incluidos los vendedores, es que cada uno de nosotros ve la vida desde su propio prisma, prejuicios, conocimientos, experiencia y entendimiento. Cada persona se crea su propia realidad, por lo que lo más seguro es que la realidad de los vendedores sea diferente a la de cada uno de sus clientes. Una vez conocí a una persona que tenía un programa informático para procesos comerciales, que decía que era una súper herramienta para todos los negocios y que no entendía por qué las empresas no lo veían así. Si alguna vez has oído algo parecido, ahora conoces la respuesta.

Uno de mis alumnos me afirmó una vez que si los clientes ven sus problemas y soluciones de diferente manera que los vendedores, sería imposible vender. Ahora te formulo la misma pregunta que le hice a este alumno: **¿quién es el responsable de que el cliente entienda la solución?** La respuesta es **el vendedor**. Cuando un cliente no entiende o no ve los beneficios del servicio o producto que se le ofrece, el vendedor ha fallado. Y esto no es malo, más bien es una oportunidad de aprender, solo posible si no se culpa al cliente por no ser capaz de entender y si se asume la responsabilidad de conseguir educar a los clientes con eficiencia.

Otra habilidad social imprescindible para vender con facilidad y de forma constante es la habilidad de **conectar generando interés**. Cuando conoces a un nuevo cliente por primera vez, lo más seguro es que no le interese comprar nada de tu empresa. Pero cuando llega el momento de hablar de tu negocio o producto, es posible generar tal interés que, aun sin saber detalles, el cliente tome la decisión de comprar lo que vendes. Esta habilidad social hace más eficiente el proceso comercial, evitando el seguimiento a muchas propuestas. Para desarrollar la habilidad de conectar generando interés desde el primer contacto es necesario **entender cómo toma decisiones la mente de las personas** y, en este libro, explicaré **cuál es el mecanismo de decisión de compra de cualquier persona**.

La mayoría de las técnicas de venta que aprenden los vendedores son para ser utilizadas durante sus ocho horas de trabajo. Las habilidades sociales se desarrollan para ser empleadas durante las veinticuatro horas del día. Por este motivo, estas capacidades permiten tener éxito tanto en las ventas como en el ámbito personal.

Entornos sociales *online* y *offline*

El Social Selling es el arte o la habilidad de vender con facilidad en cualquier entorno social. Estos entornos pueden ser presenciales (los que llamamos **offline**): reuniones de negocios, eventos empresariales, grupos de *networking*, sesiones de formación presencial, incluso reuniones de amigos. Y, por otra parte, también existen entornos sociales **online** en las conocidas redes sociales como LinkedIn, Facebook, Twitter, Instagram, etc.

En este libro te explicaré cómo desarrollar las habilidades necesarias para vender en entornos sociales presenciales y también *online*. Los principios son los mismos, aunque su ejecución puede variar un poco. Es necesario que entiendas que **las habilidades que permiten persuadir con facilidad a las personas son independientes del entorno en que nos encontremos.**

Las personas que consiguen aplicar Social Selling en ambientes presenciales, logran con facilidad desarrollarlo en entornos *online*. Y, por el contrario, quienes no saben aplicar Social Selling en ámbitos presenciales, difícilmente conseguirán hacerlo en entornos *online*.

En este libro te enseñaré cómo persuadir con facilidad a cualquier persona, cliente, hijo, padre, pareja o socio. Únicamente será necesario desbloquear algunas barreras mentales que nos han impuesto los métodos convencionales de venta. El Social Selling es un **método *Pull***: el enfoque reside en **educar al cliente para que tenga un mejor criterio para comprar nuestros productos o servicios y sienta que es él quien toma la decisión**. Por otro lado, el método convencional de ventas utiliza el enfoque *Push*, que está basado en interrumpir y presionar al cliente para que compre.

El libro "Social Selling"

Este libro está dividido en cinco capítulos escogidos para que puedas desarrollar tus habilidades sociales para vender. El **primer capítulo** te ayudará a entender **cómo funciona el método Social Selling** y cómo se consigue vender en entornos sociales sin que ni siquiera el cliente se dé cuenta de que le estás vendiendo. En el **segundo capítulo** te explicaré **cómo compra la mente de las personas**. Para ello, me apoyo en los resultados de las investigaciones de la neurociencia, que se pueden aplicar perfectamente a las ventas. En el **tercer capítulo** aprenderás **cómo persuadir a cualquier persona** y cómo funciona el mecanismo de la persuasión en la mente de tus clientes. Espero que lo emplees con responsabilidad. En el **cuarto capítulo** te explicaré **como vender en redes sociales** y cómo es el proceso de ventas que funciona en Internet, conectando tus redes sociales, blog, página web y publicidad *online*. Finalmente, el **quinto capítulo** lo dedico a la **venta B2B**, o venta entre empresas, **utilizando la red social LinkedIn**. En este apartado comprenderás cómo es posible conseguir reuniones de venta en LinkedIn sin insistir y sin ser rechazado. En definitiva, cómo lograr que sea el cliente quien quiera reunirse contigo.

Capítulo 1
El arte de vender en entornos sociales

La venta en entornos sociales (Social Selling)

Vender no es la mejor profesión del mundo (existen otras profesiones realmente extraordinarias). Es solo la única forma de ayudar a otras personas a tomar mejores decisiones de compra.

Las personas únicamente se sienten cómodas con los vendedores cuando sienten que son ellas las que han iniciado el proceso de compra. Sentimos que iniciamos la compra cada vez que llamamos a una empresa, visitamos un comercio o compañía de servicios e, incluso, al recibir la visita de un vendedor, justo en el momento en el que necesitamos de sus servicios. Sin embargo, ¿qué ocurre cuando no esperábamos la presencia de un vendedor o cuando nos encontramos en un entorno social donde no queremos participar en ningún proceso de compra? En estos casos las personas creemos que perdemos nuestro sentimiento de libertad para elegir lo que compramos.

Vender no es la mejor profesión del mundo.
Es solo la única forma de ayudar a las personas
a tomar mejores decisiones.

A las personas nos encanta comprar, pero lo que no nos gusta es que nos vendan. Esto ocurre porque sentimos la necesidad de creer que somos nosotros los que tomamos nuestras propias decisiones de compra. Por esta razón, los vendedores de hoy en día deben ser capaces de hacer sentir al cliente que está tomando sus propias decisiones.

A las personas nos encanta comprar,
lo que no nos gusta es que nos vendan.

Las principales habilidades de venta que requieren las empresas para ser más eficientes son las sociales. Las personas estamos a la defensiva de los intentos de ventas que nos hacen las empresas, pero nos mostramos muy abiertas a que nos ayuden a realizar buenas elecciones. Los vendedores solo podremos ayudar a las personas a tomar buenas decisiones si estas nos perciben como asesores imparciales. Y esto únicamente se consigue con habilidades sociales.

Los vendedores solo podremos ayudar a las personas a tomar
buenas decisiones si nos perciben como asesores imparciales.

Precisamente, el Social Selling es el arte de interactuar con un cliente potencial y que este no sienta que se encuentra dentro de un proceso de ventas. No se trata de un engaño, tampoco de esconder cosas, se trata más bien de ser útil para que el cliente se sienta cómodo, consiga ver o recordar problemas y soluciones que no son tan evidentes.

El **Social Selling** se basa en conectar con el cliente generando complicidad, para luego poder educarle transmitiéndole nuevo entendimiento y criterios que le ayudarán a tomar decisiones de compra. Con este enfoque, el cliente utiliza el conocimiento que le proporcionamos y se siente listo para iniciar un proceso de compra donde se siente cómodo, porque tiene la percepción de que es él quien está tomando sus propias decisiones.

¿QUÉ HABILIDADES APORTA EL SOCIAL SELLING A UN VENDEDOR?

- Conectar de forma fácil con desconocidos (posibles clientes).
- Generar confianza y ser percibido como un asesor.
- Transmitir el valor que aporta el negocio a sus clientes.
- Ayudar a sus clientes a tomar decisiones.
- Transmitir nuevo entendimiento y criterios de decisión.
- Crear una red de contactos para trasmitir el valor de sus negocios y conseguir recomendaciones.

Las personas inician sus procesos de compra sin que las empresas se enteren que son evaluadas. Hace unos años, la labor de informar solía ser exclusiva de los vendedores. En cambio, en la actualidad, los compradores se informan por su cuenta y, cuando esto ocurre, evitan la influencia de los vendedores. En otras palabras, el personal comercial ha perdido el terreno y el control sobre la información.

El Social Selling es la habilidad que necesita el equipo comercial de una empresa para recuperar ese terreno perdido y volver a ejercer influencia sobre el proceso de compra de un cliente.

En un proceso de compra, en la etapa de identificación y entendimiento de las necesidades, el comprador no se siente a gusto cuando detecta al vendedor con mensajes parcializados hacia sus productos o servicios. Esta circunstancia no debe evitar que un vendedor interactúe con el cliente potencial, pero debe hacerlo desde un enfoque de Social Selling para que el cliente no se sienta incómodo.

El Social Selling también es la habilidad de facultar al cliente para que tome decisiones de compra acertadas. Para transmitir a un cliente todo lo que necesita saber o creer para tomar una decisión de compra, las empresas deben extender su proceso de ventas hacia los entornos sociales del cliente. Es aquí donde se evidencian las carencias de los vendedores, puesto que participan en eventos y redes sociales como LinkedIn, Twitter o Facebook compartiendo información sesgada hacia sus productos o servicios. El enfoque del Social Selling es el de compartir información imparcial que ayude al cliente a tomar decisiones.

*Social Selling es la habilidad de facultar al cliente
para que tome decisiones de compra acertadas.*

Vender es un ejercicio de influencia sobre el proceso de compra de un cliente y es ahí donde radica la importancia del Social Selling. La mejor forma de influir sobre un cliente es dotándole de la información necesaria para que tome una decisión sobre productos y servicios como los de nuestra empresa.

El Social Selling supone también una gran oportunidad para demostrar al cliente que un vendedor es capaz de asesorarle de forma imparcial y de que no se trata de un profesional que busca encontrarlo desprevenido. Cuando los vendedores interactúan con los compradores en espacios sociales es posible descubrir el proceso de compra del cliente. Las empresas deben enfocarse en cómo compra el cliente y no en cómo quieren ellas vender.

*Las empresas deben enfocarse en cómo compra el cliente
y no en cómo quieren ellas vender.*

Otro aspecto que cambia radicalmente en la venta en entornos sociales es que ya no es importante que el vendedor tenga capacidades para presionar y persuadir al cliente. Lo imprescindible es la habilidad de facultar al cliente para que él desee tomar la decisión de compra sin que necesitemos de técnicas de cierre.

Por qué te cuesta vender

Quizá piensas que existen muchas variables o razones que impiden que consigas las ventas que necesitas. Sin embargo, los aspectos críticos que determinan las ventas son solo cuatro que muestro a continuación:

1. **Elegir al cliente:**
   La elección de un tipo de cliente significa la renuncia (en esfuerzo comercial) a otras clases de cliente. Únicamente **se puede ser acertado si ponemos el foco en el perfil que nos interesa o que nos hace más rentables.** Es muy sencillo saber si estás enfocado en tu cliente ideal. Tan solo debes hacerte la siguiente pregunta: Ahora mismo, ¿tienes los que te gustaría tener? Si la respuesta es negativa, entonces es que no has estado enfocado en tu cliente más rentable.

   Muchos negocios piensan que centrarse en un solo tipo de cliente significa cerrarse puertas, y eso no es real. Los recursos comerciales deben emplearse de forma eficiente y, para ello, es necesario acertar con el perfil elegido. Si aun usando este método consigues atraer a otro tipo de cliente y crees que es rentable ya que no lo habías considerado antes, podrás atenderlo.

No hay nada de malo en cambiar el perfil de nuestro cliente. Esto les suele suceder a los nuevos negocios que, al no tener experiencia previa, se equivocan en la elección de su cliente ideal y posteriormente, conforme van rodando, es cuando identifican al más rentable. Pero eso sí, una vez identificado es necesario poner el foco en ese perfil.

Cualquier empresa que no tenga claro el perfil de su cliente en cada etapa del negocio tendrá dificultades para vender.

2. **Conectar y generar interés en el primer contacto:** La primera impresión del cliente determinará, hasta en un 90 %, la probabilidad de generar una venta. No se trata solo de caerle bien en una primera relación, sino de **conseguir un verdadero interés por nuestro producto o servicio desde ese primer contacto.** ¿Es esto posible? La respuesta es sí y lo veremos con más detalle en el capítulo 2, donde explicaré cómo toma decisiones de compra la mente de las personas.

Los vendedores que no consiguen crear interés por sus productos o servicios desde el primer momento no tienen mucha probabilidad de generar una venta con sus clientes. La mayoría de vendedores no entiende esto. Continúan en su intento de vender, consiguen reuniones de venta e incluso presentan propuestas detalladas. Después realizan un seguimiento y solo se convencen de que el cliente no comprará cuando pasan los meses y no hay respuesta a sus mensajes insistentes.

Si no consigues generar interés desde el primer momento, es mejor no invertir más recursos comerciales en ese cliente. Una forma sencilla de detectar si siente interés en ese primer contacto consiste en que, si al hablar de tu producto o servicio dice: "¡Qué bien!, ¿y cómo te va?", entonces no has conseguido su interés. Sin embargo, si la respuesta es de este tipo: "¿Y eso cómo lo haces?" o "¿Cómo es posible?, ¡cuéntame más!", entonces has logrado llamar su atención y tendrás una probabilidad muy alta de generar una venta.

3. **Incrementar la percepción de valor del producto o servicio:**

   Todos los vendedores deberían saber que el precio y la percepción de valor del cliente son dos cosas diferentes. El precio lo impone la empresa y la percepción de valor es la idea que tiene el cliente de lo que debería pagar por el producto o servicio. Ambos no tienen por qué coincidir, aunque a los vendedores nos gustaría que así fuera.

   El cliente piensa que un producto o servicio es caro cuando su percepción del valor es menor que el precio. **Es responsabilidad del vendedor conseguir que la percepción de valor del cliente incremente hasta igualar o superar al precio.**

   Decir que el cliente no quiere pagar el precio indicado no es excusa para un vendedor. Cuando esto ocurre es porque el vendedor no ha realizado bien su trabajo. La percepción de valor del cliente se crea a partir de su entendimiento, prejuicios, experiencia, creencias, etc. El vendedor debe revelar información que no sea evidente para que el cliente reformule su percepción de valor.

Veremos cómo conseguir incrementar esta percepción en el capítulo 2.

4. **Hacer que las ventas fluyan de forma natural: Vender es ayudar a las personas a tomar mejores decisiones.** Todos queremos tomar buenas decisiones y, por lo tanto, el vendedor y el comprador se complementan y se necesitan. Esta es la razón fundamental por la que afirmamos que las ventas son un proceso que debe fluir de forma natural.

   Entonces, ¿dónde radica el problema? ¿Por qué parece que es tan difícil vender? Analicemos al cliente y al vendedor de forma separada:

- **El objetivo del cliente es: "Tomar buenas decisiones".**

   El problema es que no confía en que el vendedor le ayude a tomarlas y considera que este tiene una comisión que no le permite ser imparcial. Esto supone una barrera mental y la razón por la que el cliente intenta postergar lo más que pueda ponerse en contacto con el vendedor. Antes de esto, intentará informarse por su cuenta: amigos, Google, redes sociales, páginas web, etc. Lo que abunda hoy en día es la información y así es como lo percibe el cliente.
- **El objetivo del vendedor es: "Ayudar a que el cliente tome buenas decisiones".**

   Sin embargo, el vendedor piensa que su objetivo es otro como, por ejemplo, conseguir sus objetivos de venta marcados. Cuando esto sucede genera una larga lista de barreras mentales que impedirán que el vendedor consiga que la venta fluya. Estas barreras mentales producen un primer contacto muy agresivo, insistencia del vendedor, percepción de valor del cliente menor que el precio, ansiedad del vendedor por cerrar la venta, etc. En resumen, una eficiencia comercial muy baja.

LAS PERSONAS NO COMPRAN PRODUCTOS

Es un error pensar que las personas compran productos, servicios o incluso beneficios. Lo que la gente compra son soluciones a sus problemas. Dicho de otro modo, las personas **buscan reducir sus miedos de seguridad, credibilidad, pertenencia, felicidad, etc.**

Cuando un vendedor pone el foco en explicar las características del producto, está pasando por alto que **para el cliente no es tan importante cómo se solucionará su problema, sino saber si se va a resolver o no.**

Otros vendedores dan un paso más y consideran que se debe poner el foco en la explicación de los beneficios del producto. El problema es que la mayoría de productos y servicios tienen muchos beneficios y no todos ellos ayudan a resolver el problema del cliente. Entonces, el vendedor explica varios beneficios sin caer en la cuenta de que el cliente solo solucionará su problema con uno de ellos.

Por lo tanto, ni características, ni beneficios. **Los vendedores deben detectar previamente el botón de compra en la mente del cliente,** y es ahí donde han de poner el foco.

En general, las personas pagan por reducir sus miedos y los productos y servicios son solo medios para este fin. Da igual lo que compremos, ya sea un coche, un seguro o un ordenador. **En todos los casos lo que intentamos hacer es minimizar nuestros temores.**

Más adelante veremos que la persuasión no reside en las explicaciones que damos los vendedores, sino en el descubrimiento de lo que realmente quiere resolver el cliente.

En definitiva, **al cliente no le interesa dar su dinero a cambio de productos, servicios o beneficios, sino a cambio de reducir o solucionar sus problemas**. Cuando descubramos estas inquietudes, lo vendedores veremos cómo el cliente no repara en el precio que deba pagar.

¿Qué aportan las redes sociales a las ventas?

Las redes sociales modifican los criterios de decisión de compra de las personas. Es verdad que estos cambios favorecen o perjudican a los negocios, pero pueden ayudarles a vender más.

6 ERRORES QUE COMETEN LAS EMPRESAS EN LAS REDES SOCIALES

El primer error que han cometido las empresas desde la llegada de las redes sociales es **creer que pueden controlar la opinión de sus clientes, tal y como lo han hecho toda la vida**. Antes de la aparición de estas redes, los clientes se ponían en contacto con las empresas para hacer reclamaciones y los responsables de cursarlas sabían que nadie más se enteraría de las incidencias ocurridas. No obstante, hoy en día, cuando un cliente pide alguna explicación, lo hace a través de las redes sociales y muchos otros clientes pueden acceder a esta información. Estos canales de comunicación permiten que se creen opiniones en el público de las empresas y esto modifica totalmente sus procesos de ventas.

El segundo fallo es **pensar que las personas quieren recibir propuestas de venta a través de las redes sociales**.

En las cuentas de Facebook, Twitter o LinkedIn se suelen compartir ofertas o propuestas de ventas de productos y servicios creyendo que el público espera ese tipo de información.

La tercera equivocación es **considerar que las redes sociales son un mercadillo y no un medio para educar y transmitir entendimiento** con el fin de crear nuevos criterios de compra.

El cuarto error es **creer que son un medio para transmitir lo importante que son las empresas o los profesionales**. Las redes sociales son un medio potente para ser útiles y no importantes. Las empresas las utilizan para publicar sus logros, sus premios, sus nuevas oficinas, sus nuevos clientes e, incluso, su nueva página web. Sin embargo, este tipo de información es poco importante para nuevos clientes y poco relevante para los antiguos.

El quinto fallo que cometen los negocios es **pensar que no es necesario saber vender de forma presencial para poder hacerlo a través de las redes sociales**. Y esto no es verdad, ya que los principios de la venta empleados en las redes son los mismos que los de la venta presencial.

El sexto y último error que comenten los vendedores es **creer que Social Selling es un método de venta que** únicamente **se puede aplicar en las redes sociales o en Internet** y no en otro tipo de relaciones presenciales como por ejemplo eventos o reuniones de empresas. En esta equivocación han caído también varias publicaciones que llevan el título de "Social Selling", en las que se transmite el mensaje de que es un método nuevo creado solo para las redes sociales. Sin embargo, el Social Selling es un método de venta muy antiguo, que utiliza habilidades sociales para crear complicidad con el cliente y poder así conducirlo hacia una decisión de compra. En este libro, todas las herramientas de Social Selling han sido probadas de forma presencial y *online* para demostrarte que las puedes emplear en todas tus ventas, tanto en las presenciales, como en las que realizas a través de redes sociales *online*.

OPORTUNIDADES QUE PRESENTAN LAS REDES SOCIALES A LAS VENTAS

Las redes sociales proporcionan tres oportunidades claras al proceso de ventas. La mayoría de vendedores no las utiliza porque no entiende que las habilidades sociales son necesarias para vender de forma eficiente en ellas.

1. **Transmitir entendimiento al cliente para que pueda crearse nuevos criterios de compra.** La mejor forma para hacer que un cliente entienda el valor de nuestros productos y servicios es educándole, proveyéndole de todo lo que necesita saber o creer para tomar una decisión de compra a favor de nuestros productos. ¿Estás usando las redes sociales para transmitir entendimiento a tus clientes?

2. **Mostrar autoridad en un determinado tema o actividad económica.** A las empresas les gusta diferenciarse, pero no lo consiguen diciendo que son muy buenos profesionales. Las redes sociales nos permiten demostrar lo que sabemos y qué tan útiles podemos ser. A través de los contenidos y las opiniones que compartimos, será posible para el cliente conocer cuánto sabemos de un tema específico o de la solución a sus problemas. ¿Cuánta autoridad has transmitido en redes sociales?

3. **Atraer candidatos hacia nuestros sitios comerciales.** Las personas se encuentran en modo social y no en

modo comprador cuando están divirtiéndose en las redes. Por este motivo, no es posible vender directamente ahí. Pero sí lo es atraerlas hacia nuestros sitios comerciales (oficina, comercio o página web). **¿Cuántos candidatos atraes desde las redes sociales a tu negocio cada mes?**

El proceso de compra del cliente de hoy

El cliente actual decide postergar todo lo posible la necesidad de interactuar con los vendedores, y es que nunca antes había existido tanta información disponible en Internet que facilite su labor de compra.

Da igual si la información que existe en la Red es acertada o no. El cliente quiere creer que puede dar los primeros pasos del proceso de compra sin contar con la presencia de un vendedor, el cual recibe comisiones por cerrar ventas.

Debido a este comportamiento, hoy en día muchas empresas son evaluadas por los compradores sin que estas se enteren de que se encuentran ya en procesos de compras.

Anteriormente, el proceso de compra del cliente solía estar compuesto de los siguientes pasos:

1. Definición de necesidades.
2. Evaluación de proveedores.
3. Selección y compromiso con el proveedor.

En este escenario, el vendedor participaba desde la definición de necesidades, ya que era él quien disponía de la información necesaria para que, supuestamente, el cliente tomase decisiones de compra acertadas.

El problema con este esquema es que en la actualidad el cliente se ha apropiado de los dos primeros pasos, puesto que es él quien quiere definir sus necesidades y evaluar a sus proveedores sin la ayuda de los vendedores, lo que deja muy pocas posibilidades de persuasión a estos últimos.

La venta social o Social Selling es una estrategia de venta cuyo primer objetivo consiste en que las empresas o vendedores vuelvan a estar presentes en los primeros pasos de compra del cliente. Su segunda finalidad es que las empresas puedan acercarse a los clientes potenciales cuando estos tienen sus necesidades todavía dormidas y no han iniciado aún sus procesos de compra de forma consciente.

El Social Selling es capaz de despertar necesidades en los compradores cuando estos se encuentran en entornos sociales como LinkedIn, ferias, congresos o cualquier otro evento social que reúna a profesionales.

Para que una estrategia "Social Selling" funcione es necesario tener en cuenta las siguientes circunstancias:

- **El cliente necesita informarse y lo hará con las fuentes que considere** más imparciales. A pesar de esta realidad, las empresas continúan emitiendo información y mensajes parcializados. (Nuestro producto es el mejor...)
- **El cliente necesita evaluar las soluciones antes que a los proveedores.** Sin embargo, las empresas suelen explicar los beneficios de sus productos en vez de mostrar los beneficios de soluciones como las suyas.
- **Cuando el cliente se encuentra en redes sociales no quiere que le vendan cosas, pero sí quiere comprar,** porque necesita solucionar un problema, satisfacer una necesidad o alcanzar un objetivo. El trabajo de un vendedor es ayudar al cliente a tomar buenas decisiones de compra.

- **La venta social es el arte de conectar con clientes potenciales a través de una ayuda desinteresada para luego poder crear valor en dichos clientes**. Los seres humanos desconfiamos de los desconocidos porque tenemos un mecanismo de defensa inconsciente. Por este motivo, es necesario conectar y crear confianza antes de intentar asesorar o recomendar.

Capítulo 2
Cómo compra la mente de las personas

Te estarás preguntando qué relación tiene la neurociencia con las ventas. Lo cierto es que tiene mucho que ver, ya que se trata de **una disciplina que nos ayuda a entender cómo funciona en la mente de las personas el proceso de toma de decisiones.**

En principio, todos tomamos decisiones de forma similar. Las que denominamos "de compra" son aquellas que nos llevan a pagar un dinero por obtener algo a cambio. Por otro lado, existe otro tipo de decisiones a las que no llamamos de compra, pero que sí lo son. Por ejemplo, cuando convencemos a alguien para que apoye mi idea, no nos paga por ello, pero está aceptando algo de lo que nosotros le hemos convencido.

Para los profesionales que nos dedicamos a las ventas es vital conocer cómo funciona la mente de las personas y cómo esta toma decisiones. Durante muchos años, hemos estado equivocados en nuestro discurso de venta porque no hemos entendido cómo funciona la mente de las personas y, por ello, hemos actuado de forma errónea. A lo largo de este capítulo, te ayudaré a comprenderlo.

Cómo toma decisiones la mente
de las personas

Por decirlo de una forma muy sencilla, **se realiza a través de dos personalidades que conviven dentro de cada uno de nosotros:**

1. **La personalidad acelerada y ansiosa** que quiere tomar decisiones rápidamente.
2. **La personalidad pausada** que razona las cosas, analiza y planifica antes de tomar una decisión.

Yo voy a centrar mi explicación en la primera, ya que es ella la que en un 99 % de los casos toma las decisiones, tanto en la vida en general, como en los procesos de compra. Esta personalidad es muy ansiosa, desconfiada, cortoplacista y predomina sobre la otra. Si te paras a pensar, a todos nos gusta más que nos digan que un negocio nos va a dar rentabilidad a corto plazo que a largo, que vamos a solucionar un problema más pronto que tarde. Por esta razón, funcionan muy bien los titulares del tipo "Pierde 5 kilos en 3 semanas" o "Aprende a hablar bien en inglés en un mes".

Esta personalidad es la que la mayoría de los seres humanos no conseguimos controlar. Es más, creemos que no hay que hacerlo, que somos así y punto. Solo las personas que consiguen dominarla son aquellas que no caen en el consumismo que impera hoy en día. Esta personalidad ansiosa es la que se cree que un objeto le va a proporcionar la felicidad y se lo quiere creer, porque quiere ser feliz constantemente.

Nuestra personalidad que razona, analiza y planifica está supeditada a la otra porque, en realidad, se satura muy rápido. Si yo te doy una cifra de seis dígitos e intentas memorizarla, ya no puedes hacer otra cosa. Por este motivo, la mayoría de las decisiones que no tenemos que pensar se encuentran ya almacenadas y dirigidas por la personalidad rápida. Me refiero a acciones cotidianas como conducir el coche, vestirnos, asearnos, etc. Está bien que la mente trabaje de esta manera porque, si siempre tuviéramos que analizar cada cosa que vamos a hacer, estaríamos saturados constantemente. Por eso, la mayoría de las veces solemos actuar en automático.

En este sentido, **cada vez que detectamos a un vendedor, la que reacciona es la personalidad ansiosa y desconfiada e, inmediatamente, activa un acto reflejo que intenta huir o rechazar al vendedor.** Ante esta situación, no pensamos que puede que sí necesitemos a un asesor que nos ayude a comprar, porque no nos hemos parado a analizarlo. Nos ha ganado nuestra parte rápida de la mente.

TENSIÓN Y FACILIDAD COGNITIVA

Seguro que en muchas ocasiones has enviado un correo electrónico o has llamado a una persona desconocida y te has encontrado con que no está receptiva ni dispuesta a escucharte, digamos que desconfía de ti y de lo que le puedas decir. Esto sucede porque en la mente de esa persona la que está actuando es la parte rápida de su mente y está bloqueando cualquier intento de recibir nueva información. No obstante, ese nuevo entendimiento producido por la información es necesaria para que esta persona pueda comprar. Cuando una persona no está dispuesta a recibir nueva información, en neurociencia se le llamamos **tensión cognitiva.** Quiere decir que el potencial cliente está totalmente bloqueado: aunque la información nueva que le vayas a dar sea muy positiva para él, aunque podría ayudarle a resolver sus problemas, no la quiere oír, porque no confía en ti, no confía en una persona nueva, no confía en los vendedores y, simplemente, no quiere escucharte.

Para desbloquear a ese potencial cliente e iniciar un proceso de venta con él, los vendedores tenemos que conseguir crear **facilidad cognitiva**. A continuación, te voy a mostrar cómo lograr que el cliente baje la guardia, deje de estar tenso y te escuche para que después razone tu propuesta y tome mejores decisiones de compra que, en definitiva, es en lo que consisten las ventas.

> *Ejemplo: Durante mi exposición en una conferencia sobre persuasión, yo aseguraba que era posible persuadir a cualquier persona y sobre cualquier cosa. Alguien del público levantó la mano y me pidió que probara esa afirmación: "Acabo de crear la página web de mi empresa hace dos meses y me gusta mucho. Quiero que me persuadas para que la cambie, a pesar de que estoy encantado con ella y de que acabo de pagar por ella."*

Antes de continuar con el ejemplo, quiero explicar que el ser humano toma decisiones desde su entendimiento y que este está conformado por cosas que has ido aprendiendo, ya sea porque has estudiado o experimentado, y por prejuicios que se han creado en tu mente, es decir, ideas fijas que tú crees que deben ser así siempre. En definitiva, **nuestro entendimiento está compuesto por prejuicios, conocimientos y experiencias**. Estos tres elementos forman nuestro criterio de decisión y en circunstancias normales actuaremos en consecuencia.

Retomando el ejemplo anterior, le contesté al que me hizo la pregunta sobre la posibilidad de persuadirle para cambiar su nueva página web: "¿Me puedes decir cuántos clientes potenciales genera tu página web al mes?" Aquella persona de entre el público se quedó seria mirándome sin mediar palabra, aunque yo sabía que su respuesta era "cero". Yo le insistí: "¿Serán más o menos unos veinte o treinta al mes, no?", a lo que su cara fue tornando a la típica expresión de preocupación, de "¿esto es posible?, ¿y por qué no lo sé?" Para rematar, le solté: "¡No me digas que consigues menos de diez!" Ya desesperado contestó lo que yo ya sabía que me iba a preguntar: "¿Es posible conseguir candidatos a través de la página web de mi empresa? Porque, que yo sepa, no me ha escrito nadie, ni siquiera a través del formulario de contacto". Entonces, yo le aseguré que sí es posible y que podía conseguir todos los candidatos que él quisiera, pues tan solo es una cuestión de procedimiento.

¿Crees que si le demuestro que puede conseguir clientes todos los meses a través de su página web la cambiaría? Pues lo más seguro es que sí. Y esto ocurre porque le estoy aportando nuevo entendimiento, reformulo su criterio para tomar mejores decisiones de compra. Antes de mi explicación esa persona daba por hecho que una página web servía únicamente para mostrar sus productos o servicios.

Como necesitamos transmitir nuevo entendimiento al cliente para que tenga nuevos criterios y tome mejores decisiones de compra, **hemos de ser buenos creando facilidad cognitiva, logrando que esté dispuesto a recibir nuestra información.**

Demos un paso más. Cuando a alguien le aseguro que es posible que consiga clientes potenciales a través su página web todos los meses y, además, le explico cómo se hace, sin manifestar en ningún momento que yo soy el único que lo puede realizar, esa persona deja de verme como un vendedor para considerarme un asesor. En otras palabras, **cuando afirmamos que somos la única empresa que hace tal o cual cosa, estamos generando nuevamente tensión cognitiva.** Y es que, el que nos habla así es el vendedor. A un potencial cliente siempre hay que explicarle cómo puede solucionar su problema, pero luego puede resolverlo contigo o con quien quiera. **Nunca debes decirle que eres el único que lo puede hacer.** Por ejemplo, yo nunca diré que soy el único que emplea la neurociencia para vender, porque hay muchos profesionales que también la utilizan, solo me limitaré a explicar cómo se aplicar la neurociencia para mejorar sus ventas.

Las personas no compramos productos o servicios, ni siquiera beneficios. **Compramos soluciones a nuestros problemas.**

> *Ejemplo: Una empresa que ha pagado por una web que le genera clientes todos los meses, no ha comprado la web en sí, sino los resultados que obtiene. Si tuviese otra herramienta que generase ventas todos los meses en mayor medida que la web, prescindiría de esta.*

La mayoría de las veces los problemas que quieren resolver los clientes son más básicos de lo que creemos. Las personas no compramos productos, compramos seguridad, reducir el riesgo, reputación, no ponernos en evidencia, vernos más importantes, ser aceptados, etc.

Ejemplo: Imagina que una persona entra a trabajar en una empresa en la que se le exige que domine el inglés. En su currículum así consta, pero la realidad es que lo exageró, ya que no habla bien este idioma. ¿No crees que esa persona iría a apuntarse rápidamente a un curso de inglés si fuera contratado? Analizándolo bien, lo que comprará no son clases de inglés, sino no ponerse en evidencia delante de sus nuevos compañeros y sentirse valorado en la empresa. Pagaría lo que fuera por conseguirlo, porque necesita resolver ese problema. Es más, si le dicen que pagando un poco más puede lograrlo en tres meses, ¡así lo hará!

El precio no es caro ni barato, es simplemente una percepción. No es lo mismo el precio que me da el vendedor, que la percepción de valor que yo tengo creada a partir de mis conocimientos, experiencias, prejuicios, etc. **Elevar esa percepción de valor es una tarea del vendedor** y para que este lo pueda conseguir, para que el cliente permita recibir información nueva y lo acepte, el vendedor **tiene que aprender a crear facilidad cognitiva y a transmitir la información de forma objetiva**, es decir, en forma de educación y no de "soy el único que lo hace", porque esto no es creíble.

Cómo empezar una relación comercial con una persona, sin que esta se dé cuenta de que has iniciado un proceso de venta

La respuesta es sencilla: **creando facilidad cognitiva**. Si, por poner un ejemplo, en una reunión de empresas te acercas a una persona (potencial cliente), e inicias la conversación contándole que te dedicas al entrenamiento en ventas y preguntándole qué tal lleva la formación en ventas en su empresa, de esta manera, estarías creando tensión cognitiva en esa persona. Y esto sucede porque siente que estás empezando a venderle algo. Lo más probable es que busque una excusa del tipo "no lo sé, yo no me dedico a eso en la empresa" o "ya tenemos un formador y estamos muy contentos con él". Estas evasivas son fruto de la tensión cognitiva que has originado, porque no has sabido crear facilidad cognitiva.

¿Y cómo conseguir crear facilidad cognitiva con esa persona? Lo primero que debes hacer es presentarte y preguntarle por su nombre. Los seres humanos desconfiamos, al menos un poco, de las personas desconocidas y, por lo tanto, es normal que siempre haya algo de tensión. Después, debes continuar **realizando preguntas que muestren tu interés por esa persona**: "¿A qué te dedicas? ¿De qué empresa vienes? ¿Qué tipo de clientes tenéis?", etc.

Al ser humano le encanta sentirse importante. A la personalidad rápida y ansiosa de la que hablábamos antes le gusta sentirse reconocida. Y si pasa mucho tiempo sin sentirse así, en cuanto detecta a alguien que le presta atención, se ve atraída. Y esto sucede al darme cuenta de que hay alguien que quiere que le cuente lo que hago, a lo que me dedico… En otras palabras, nos gusta "dar la chapa", lo que no nos gusta es que nos la den a nosotros. Precisamente, lo que un vendedor ha de lograr es que le den la chapa. **Si yo consigo hacer sentir importante a una persona**, al menos de esta forma indirecta en la que le pregunto por lo que hace y le hago sentir que me parece interesante su sector, los servicios que ofrecen en su empresa, etc., **estaré**

creando facilidad cognitiva. Esto que no parece venta, sí lo es. Y la otra persona no se da cuenta de que el proceso de venta ya se ha iniciado.

*Cuando hacemos sentir importante a una persona,
conseguimos crear facilidad cognitiva para iniciar
un proceso de venta sin que esta se dé cuenta.*

En conclusión, **si generas tensión cognitiva, la otra persona te verá como un vendedor e intentará huir**. En cambio, **si creas facilidad cognitiva, ese potencial cliente te verá como un asesor, abrirá su mente y dará paso a su personalidad que razona y analiza**, que es a donde queremos llegar, sobre todo, los que vendemos productos o servicios entre empresas.

Si quieres reducir la tensión cognitiva, **elimina las típicas frases como "somos los mejores del mercado", "somos los únicos que hacemos esto" o "somos grandes expertos"**. Te aseguro que esto no funciona. Si quieres que alguien se acerque a tu negocio debes que hacerle sentir importante.

Existen **dos formas de caer bien a una persona y de crear facilidad cognitiva:**

1. Hacerle sentir importante: Esta táctica funciona muy bien cuando conectamos con el cliente de forma presencial.
2. Serle útil: Si aportas utilidad con tu contenido en tu blog, página web o a través de una charla en directo, atraerás candidatos. Esta es la estrategia de ventas más potente.

Ejemplo: Hace unos años, en las redes sociales se hablaba únicamente de comunicación, difusión, fans, seguidores, comunidad... pero no se hablaba de ventas, ni de clientes. Entonces, publiqué un artículo que llevaba por título "Cómo convertir un fan de Facebook en cliente". Tuvo muchísimos lectores y una gran acogida, porque era algo de lo que no se hablaba y que las empresas necesitaban conocer. En definitiva, les ofrecí una información muy útil para aumentar sus ventas y conseguí que se mostraran dispuestos a que les transmitiera nuevo conocimiento, a que les educase. Con ese artículo originé facilidad cognitiva.

Para iniciar una venta sin que la otra persona se dé cuenta de que ya está en un proceso comercial, y que además se sienta cómoda contigo, que no quiera huir porque ha detectado a un vendedor, debes hacerle sentir importante o serle útil.

Si el proceso de venta es presencial, hazle sentir importante. Si es online, debes ser extremadamente útil.

Y recuerda, hay millones de contenidos similares en Internet, la información no es escasa, mientras que la atención de las personas si es muy escasa. **La única manera de robar parte de esta atención es siendo muy útiles, para ello debemos ser muy específicos.** No es lo mismo decir "soy abogado", que "soy abogado en temas informáticos". Y mejor aún, "soy abogado en temas informáticos y estoy especializado en ventas *online*". **Sé lo más específico que puedas y tendrás una oportunidad de captar la atención de nuevos clientes.**

Cómo conseguir que un cliente te pida una reunión de venta

En estos momentos estarás pensando que esto es imposible, que lo que suele suceder es justo lo contrario. Normalmente, somos los vendedores los que tenemos que solicitar reuniones de venta y, con suerte, uno de cada diez potenciales clientes nos recibe. Por no hablar de que, aunque consigamos una reunión, la mayoría de las veces no terminan bien.

Cuando a un vendedor le han dado ya muchas negativas desarrolla una habilidad para robar contestaciones afirmativas, llegando a insistir demasiado al cliente. Lo único que llega a conseguir es que, de tanto insistir, este último se incomode y al final le diga que sí, que ya le recibirá tal o cual día. Entonces, el vendedor se pone muy contento pensando: "¡Bien, ya tengo una reunión!" Pero, en realidad, ¿crees que ese cliente le está esperando? Lo más seguro es que no.

Si quieres conseguir diez reuniones y, además, cerrar la venta en las diez, tienes que lograr que sean los clientes los que te las pidan. Para ello, **has de despertar a la parte ansiosa y rápida de las personas, has de conseguir que detecte que vas a ayudarle a resolver un problema.** Te aseguro, por neurociencia, que el ser humano es una máquina de evitar problemas.

Cuando alguien te pregunta a qué te dedicas, se está interesando por ti, pero ¡cuidado!, esta oportunidad de conocerte que te brinda es muy corta. **Lo que digas en los tres primeros segundos determinará en su mente si lo que le cuentas le interesa o no,** si te ve como alguien que le puede ayudar o no.

Practica este ejercicio. Responde a la pregunta: "¿A qué me dedico?" ¿Te ves capaz de hacerlo en tan solo tres segundos (una frase de unos cien caracteres) de tal forma que, además, la persona a la que se lo explicas quiera saber más?

La respuesta a la pregunta "¿A qué te dedicas?" nunca debe ser tu cargo en la empresa, tu profesión o el nombre de tu empresa, sino algo que le sea útil al que pregunta, que describa la solución a sus problemas. Cuando le explicas a alguien a qué te dedicas, si responde "qué interesante" o "¿y qué tal te va?", te aseguro que no le interesas en absoluto. **Lo que tienes que conseguir es que te pregunte "¿y eso cómo lo haces?"** Entonces sí habrás despertado su curiosidad e interés. Es más, te garantizo que esa persona va a comprar.

Ejemplo: Hace unos años, cuando inicié una empresa de servicios de márketing y ventas, me preguntaban: "¿Y tú qué haces?" Mi respuesta típica solía ser: "Tengo una agencia de márketing y ventas". Como ya lo habrás adivinado, esas personas me decían frases como "qué interesante", "cómo te va" o "qué bien, nosotros ya tenemos página web". Me di cuenta de que tenía que modificar mi discurso, porque no me conducía a nada. Entonces, mi respuesta cambio a: "Convertimos fans y seguidores de redes sociales en clientes finales".

A partir de ahí, todas las personas me preguntaban que cómo lo hacía, que si eso era posible. Había logrado despertar su lado rápido y ansioso que quiere resolver un problema: "Estoy pagando a un community manager todos los meses ¡y no sé que es posible convertir a un seguidor de Facebook en un cliente! Además de que estoy perdiendo una gran oportunidad, ¡cada minuto que pasa estoy malgastando dinero pagando a alguien que no me está consiguiendo esto!".

En nuestra mente existe un sistema llamado **"aversión a la pérdida"**. Apenas detectamos que vamos a perder una oportunidad, queremos resolverlo cuanto antes y estamos dispuestos a pagar por ello. Esto sucede, por ejemplo, con la lotería de Navidad de la empresa. No compramos décimos de lotería porque pensamos que nos va a tocar, sino porque no vaya a ser que a los demás les toque y a mí no.

Cambiar el discurso es importante. **Debemos hacerle ver a esa persona que si no contrata mi servicio perderá la oportunidad de algo** (convertir fans en seguidores, cerrar ventas de forma más eficiente a través de LinkedIn, conseguir clientes todos los meses a través de su página web, etc.). Entonces lo deseará y querrá saber cómo conseguirlo. Cada vez que despertamos a esa personalidad rápida y ansiosa hacemos que sienta un picor, y nuestro producto o servicio es la loción que va a calmar esa molestia. No hay forma de vender una loción si a la persona no le pica, ¿lo ves? El resultado: te pedirá una reunión para que le expliques cómo funciona eso que le has contado y si es posible que eso funcione en su caso.

Cómo trabajar las objeciones

Generalmente, solemos pensar que las objeciones son un problema en las ventas y deseamos que no existan. No obstante, **las objeciones son necesarias en una venta**. Cuando un cliente nos hace una objeción, no es otra cosa que un grito que dice: "¡Explícamelo, no entiendo!". Si es una objeción por precio, debemos justificarle por qué tiene que pagar ese precio. Si es por tiempo, necesita que le argumentemos por qué debe invertir ese tiempo. Eso es lo que te está demandando, que le justifiques por qué tiene que realizar un cambio, por qué debe dejar ese negocio para entrar en este otro, etc. Las objeciones son parte del proceso de ventas.

Para trabajar las objeciones, personalmente me gusta hacer un símil con la filosofía del judo. En este deporte los contrincantes utilizan la fuerza de su oponente para conducirla hacia donde quieren. Es decir, evitan enfrentarse directamente empleando la fuerza del uno para contrarrestar la fuerza del otro porque, si chocan, no consiguen nada.

Bien, pues con las objeciones sucede exactamente lo mismo que en el judo. Si ante una objeción del cliente, el vendedor le dice que no es así, que no lleva razón, lo único que consigue es chocar fuerza contra fuerza, sin ir a parar a ningún lado. Cuando un cliente nos dé una objeción, la recomendación es que nunca le digamos que no. **No debemos negarla, no debemos enfrentarnos a la objeción, sino aprovecharla para llegar a buen puerto.** Por ejemplo, si el cliente intenta evitarte diciendo que no tiene tiempo, tú puedes contestarle: "Precisamente con mi producto puedes ser más eficiente y ahorrar tiempo". De este modo, no vas en su contra, quieres ayudarle ofreciéndole una solución a su problema con el tiempo.

Cuanta más **tensión cognitiva** haya, se producirán **más objeciones de acto reflejo tipo "no tengo tiempo"**, "no quiero verte", "no me interesa". Por el contrario, cuanta más **facilidad cognitiva** creamos, las objeciones se convierten en interrogantes de querer saber: "En estos momentos ya tenemos un proveedor que lo hace así, pero ¿cómo lo trabajaríamos contigo?". Son **objeciones de descubrimiento** y son positivas, las necesitamos para vender.

Si existe tensión cognitiva, se generarán objeciones de acto reflejo negativas. Si conseguimos crear facilidad cognitiva, las objeciones serán de descubrimiento y nos ayudarán en el proceso de venta.

Cómo actuar en una reunión de venta

Cuando despiertas el interés de una persona explicándole cómo podrías ayudarle con su problema (que en muchas ocasiones ni siquiera sabía que padecía), esta tiene claro que quiere comprar una solución a esa dificultad. Lo que todavía no ha decidido es a qué proveedor se la va a comprar. **Es en la primera reunión de venta cuando tienes que ganar la batalla consiguiendo que sea tu empresa con la que decida trabajar.** La siguiente reunión en la que le lleves el presupuesto ya no será tan importante. Si no has hecho las dos cosas anteriores bien (despertar su interés con tu solución a su problema y conseguir que te la compre a ti), ya no servirá de nada. Lo más probable es que haga negocios con otra persona.

En esa primera reunión debes conseguir que se sienta cómodo contigo, que le caigas bien. A menudo, los vendedores llegan a esta cita con un discurso muy preparado para explicar lo que hacen y, si los clientes les dicen que solo disponen de cinco minutos para atenderles, van a mil por hora. Sin embargo, **lo más recomendable en una primera reunión de venta es hablar muy poco, escuchar mucho y conseguir complicidad con el cliente.**

Debes saludarle, preguntarle cómo está, mostrar interés por el local, por la historia de la empresa, no entres al negocio directamente, porque eso genera tensión cognitiva. Además, ante varios vendedores que llegan a su despacho y directamente se ponen a explicar su cartera de servicios, al cliente solo le queda optar por aquel que le ofrezca el mejor precio. Frente a ellos, **si tú logras generar complicidad con el cliente, seguro que te llevas la venta, incluso siendo el más caro de todos.**

Por otro lado, **debes conseguir que el cliente te diga dónde le duele.** No lo va hacer directamente, pero si has generado complicidad, comenzará a soltarse, a abrirse y a hablar. Entonces, lo mejor es que toques un poco todos los temas sin perder de vista la expresión de su cara y, cuando refleje preocupación o angustia, habrás dado en la tecla de su dolor y será ahí donde deberás orientar tu discurso ofreciéndole ayuda para solucionarlo. A esto, en neuroventas, le llamamos **botón de compra.** Tu propuesta debe fundamentarse únicamente en esos puntos de dolor. De esta forma, **serás el único vendedor que ha centrado su oferta en resolver los puntos de dolor del cliente,** esto te generará una ventaja importante.

En este sentido, volvemos a lo mencionado anteriormente, **debemos hablar poco para que el cliente nos cuente mucho. Debemos escucharle para detectar sus puntos de dolor.** Ahí residen las oportunidades. Y, para esto, debemos hacerle sentir importante, no hacerle la pelota, sino escucharle con interés genuino, hacerle sentir que nos interesa saber más de él. Aquí entran en juego las neuronas reflejo: si tú estás a gusto, él está a gusto.

Incluso podremos dar un paso más, ya que un cliente con el que nos llevamos tan bien que se llega a convertir en amigo, será a su vez un vendedor de nuestro producto o servicio. **El proceso de venta consiste, por tanto, en convertir gente desconocida en conocida, después en cliente y, por último, en vendedor.** Debemos seguir este flujo y esto lo conseguimos aplicando neurociencia a las ventas.

Capítulo 3
Cómo persuadir a cualquier persona

El secreto de la persuasión

La mayoría de las personas nunca encontrará el secreto de la persuasión. El motivo es muy sencillo: buscan en el lugar incorrecto. Este no reside en unas palabras mágicas, tampoco en un libro ni en la forma de hablar o comunicar. **El secreto de la persuasión está dentro de la persona a la que quieres persuadir.**

Cada persona tiene un programa mental muy personal. Únicamente si lo conocemos y no vamos en contra de él podremos ejercer influencia en sus decisiones. **No es posible convencer a todo el mundo de la misma manera** y, por eso, es necesario adaptar nuestra puesta en escena dependiendo de la persona que tenemos en frente.

En principio, debería ser más fácil persuadir a las personas que más conocemos, aunque esto no siempre ocurre así, porque intentamos hacerlo usando nuestro programa mental y no nos adecuamos al de la otra persona.

Cada uno de nosotros vemos la vida desde nuestro programa mental y siempre nos costará hacerlo a través del de otra persona. Es como intentar ver a través de las gafas de otra persona, con otra graduación.

La mayoría de las veces en que intentamos persuadir a un amigo o familiar intentamos imponer nuestras ideas en la forma en que nosotros las aceptamos.

Por otra parte, cuando queremos convencer a gente que conocemos muy poco, la ejecución es parecida, no nos adaptamos al esquema mental del otro y el resultado es el mismo que con las personas más allegadas.

El arte de la persuasión reside en la habilidad de "leer" a la otra persona, de interpretar con mucha rapidez su esquema mental, sus miedos y sus prejuicios. Para leer a otra persona **es necesario estar más atento en lo que hace que en lo que dice.** Cada gesto, mirada, posición, pasos, movimiento de las manos, etc. delatan la forma en que ve y acepta la vida.

Los seres humanos sabemos que alguien nos miente por cómo gesticula y no por lo que dice. También detectamos los estados de ánimo de las personas con solo mirarles la cara, aunque nos digan lo contrario. En realidad, estamos dotados de la habilidad de detectar la determinación, coraje, miedo, curiosidad, desconfianza e interés de las personas que tenemos delante. Sin embargo, **la mayoría de las veces nos enfocamos en las palabras e ignoramos cualquier señal que no sea la comunicación verbal,** lo cual es un gran error.

Para descubrir cómo persuadir a alguien debemos utilizar todos nuestros sentidos. Aunque intente ocultar aquello que le interesa o sus problemas, sus gestos le delatan, por lo que debemos estar atentos y captar todas las señales. **Cuando una persona no emite señales suficientes para entender cómo piensa o qué prejuicios tiene, podemos enviarle estímulos.**

Los más comunes para conseguir respuestas son **las preguntas a través de palabras.** También es posible provocar respuestas enviando **señales no verbales** como gestos, miradas o movimientos.

Preguntar para obtener respuestas es un arte, pero generar estímulos con el lenguaje no verbal es una maestría. A continuación, veremos cómo es posible conseguir el secreto para persuadir a una persona a través de preguntas y del lenguaje no verbal.

Cómo hacer preguntas para obtener información para persuadir

IDENTIFICAR EL MOMENTO Y TIPOS DE PREGUNTAS

- **El momento para comenzar a preguntar**
  Pasé algunos años intentando descubrir si en una reunión de ventas es mejor comenzar a preguntar desde el primer minuto o iniciar la conversación con una explicación de mi empresa y formular las preguntas después. Ahora te puedo decir con seguridad que eso no es realmente lo importante.

  Lo verdaderamente relevante es comprender que un nuevo cliente potencial es como un portero a la defensiva, que piensa que el vendedor le quiere colar un gol en cuanto pueda. Por lo tanto, **el mejor momento para iniciar las preguntas es cuando el cliente siente que estamos en su equipo** y que lo que queremos es hacer es marcar los goles juntos.

  Todos los seres humanos podemos detectar cuándo un interlocutor ya no está a la defensiva y siente que lo queremos ayudar. No obstante, lo complicado es conseguir que esa persona baje la guardia, que se cree la facilidad cognitiva y se genere confianza. A continuación, te daré **dos consejos que te ayudarán a crear confianza con facilidad:**

1. **Muestra interés sincero por lo que hace el cliente.** Antes de reunirte con él, identifica dos o tres ventajas competitivas de sus servicios y coméntalos en la reunión. Sabrás que lo has hecho bien si logras que el cliente se venga arriba y no deje de hablar de ello.
2. **Trata de ser útil.** Investiga previamente alguna información relevante para el cliente y coméntala en la reunión. Esta no debe estar relacionada con nuestros productos o servicios, sino solo con la actividad del cliente. Sabrás que lo has hecho bien si quiere conocer más sobre el tema o si te pide que le envíes dicha información.

En ambas opciones puedes comentar o preguntar, pero te aseguro que es mejor lo segundo. En este caso, no se trata de formular preguntas de venta, sino **preguntas desinteresadas que muestran interés genuino y consiguen que el cliente sienta que estamos en el mismo equipo.**

Veamos un ejemplo. Hace unos años tuve una reunión con un nuevo cliente que se dedicaba a comercializar productos de alimentación para supermercados. Identifiqué que estaban especializados en productos delicatessen y estaban orgullosos de ello. Recuerdo que comencé la reunión de esta manera: "Hay pocas empresas de alimentos especializados en delicatessen en esta zona, ¿verdad?" (debo confesar que sabía que no había pocas). La respuesta del cliente fue así: "La verdad es que no, pero no son iguales que nosotros, a muchos de ellos ni les llamaría delicatessen", tras lo cual se vino arriba.

- **Tipos de preguntas**
  Solo hay dos tipos de pregunta para vender. Si te dedicas a las ventas, seguro que has oído que hay muchos, pero te aseguro que todo se resume en las preguntas para indagar el verdadero problema del cliente y las preguntas que permiten poner en valor nuestro producto.

1. Preguntas para indagar el verdadero problema del cliente
   El verdadero problema del cliente es la razón por la que compraría un producto. La mayoría de las veces, lo que dice no es el problema real. Por lo tanto, para poder acercarnos al cierre de la venta, debemos descubrirlo.

   Ejemplo: Hace poco un nuevo cliente me dijo que necesitaba formación en ventas para su personal. Se trataba de trabajadores que no habían vendido antes, que lanzarían un producto en quince días y no estaba seguro de si habría tiempo suficiente para formarles. Por ello, cuando me reuní con él, me explicó que estaba evaluando la posibilidad de contratar a vendedores experimentados.

   Cuando el cliente me preguntó qué opinaba, sin adelantar nada le pregunté cuál era el producto y cómo era el personal que quería formar inicialmente. Él me comentó que se trataba de servicios de investigación técnica y que las personas que quería formar en ventas eran los técnicos que hacían las investigaciones.

Rápidamente identifiqué que al cliente, en realidad, no le preocupaba el tiempo, sino el hecho de que sus empleados técnicos fueran o no capaces de actuar como vendedores. Esto me dio pie a explicar los beneficios de la venta consultiva. Si me hubiera enfocado en argumentar que sí es posible formar al personal en el tiempo que disponía, no hubiera llegado al factor de decisión de compra y hubiera conseguido un rechazo seguro.

En muchas ocasiones, **el cliente no expone el problema real que tiene porque no sabe expresarlo** y, por eso, debemos realizar preguntas para lograr identificarlo. Más adelante veremos detalladamente cómo identificar el problema real del cliente.

Cuando un cliente explica lo que necesita, siempre lo hace de la misma manera con todos los proveedores. Por lo tanto, si todos los vendedores ofrecemos una propuesta sobre dicha solicitud, no hay forma de diferenciarnos para cerrar esa venta. Lo verás más claro con un ejemplo real:

Recuerdo la vez en que un cliente me pidió una propuesta para desarrollar y gestionar el contenido de un blog para su empresa dedicada a la gestión de la calidad. Las preguntas de indagación que hice fueron: "¿Cuál es la actividad económica de tu cliente ideal?". La respuesta fue: "Nuestros clientes pertenecen a diferentes sectores, pero ya que lo mencionas, estamos especializados en empresas de alimentos frescos. Esto es algo que no se conoce y deberíamos difundirlo mejor". La segunda pregunta fue: "¿Cómo llegan actualmente a ese cliente?", y la respuesta: "A través de recomendaciones y concursos".

Para que lo entiendas mejor, explicaré por qué formulé estas preguntas. Los contenidos de un blog sirven, principalmente, para dos cosas: posicionar la marca de una empresa y/o generar clientes potenciales. La primera pregunta me dejó claro que necesitaban posicionar su marca en la actividad de alimentos frescos y la segunda me aclaró que no era un producto que pudiese generar clientes potenciales con el blog. Con esto pude plantearle una propuesta centrada en lo que realmente le preocupaba.

Si no hubiese hecho esas preguntas, habría presentado una propuesta muy parecida a los demás proveedores y seguro que hubiéramos competido en precio.

*El secreto para identificar el verdadero problema
del cliente es partir del supuesto de que no sabe expresar
lo que realmente le preocupa.*

2. Preguntas para poner en valor nuestro producto

Estas preguntas se emplean cuando el cliente cree conocer la solución a su problema y esta no coincide con los beneficios de nuestro producto o servicio.

Me suele ocurrir que cuando me reúno con nuevos clientes que quieren desarrollar un nuevo proyecto de venta a través de Internet, suelen comenzar la conversación comentando todo lo que quieren que tenga la tienda *online*, la mayoría, cuestiones técnicas o de diseño. Aunque también me encargo de la parte técnica, mi mayor beneficio en este tipo de proyectos es la implantación del proceso de ventas, por lo que debo reorientar la conversación hacia ese servicio. Preguntas para iniciar el proceso de venta en este caso serían: "¿Qué vas a vender? ¿Cuál crees que es el cliente idóneo? ¿Tienes un proceso de venta planeado? ¿Sabes que solo el 3 % de las tiendas *online* consiguen vender?".

Estas preguntas están orientadas en conseguir que el cliente vea una revelación de soluciones que él no había considerado y ponen en valor nuestro producto o servicio.

PRODUCTOS CON PROCESO DE COMPRA DE TRANSACCIÓN Y CONSULTIVA

Antes de definir las preguntas de indagación es necesario determinar si nuestro cliente sigue un proceso de compra de transacción o consultivo.

El **proceso de compra por transacción** ocurre cuando un cliente está convencido de que sabe lo que necesita. Algunos ejemplos:

- El cliente que quiere un seguro de coche a terceros que cubra los cristales.
- El cliente que quiere un ordenador portátil MacBook Pro.
- El cliente que quiere unas gafas de sol Rayban.
- El cliente que quiere un programa de facturación.

El **proceso de compra consultiva** ocurre cuando el cliente puede saber el resultado que quiere, pero no entiende el producto o servicio. Algunos ejemplos:

- El cliente que quiere resolver su problema de ventas.
- El cliente que quiere un seguro de vida, porque ha tenido un hijo recientemente.
- El cliente que quiere mejorar los procesos operativos de su empresa.
- El cliente que quiere reducir costes en su negocio.

Es evidente que, si nuestro producto o servicio sigue un proceso de compra consultivo, será más fácil encontrar el problema real del cliente y aprovecharnos de esa ventaja para cerrar la venta.

Si tu producto sigue un proceso de compra de transacción, también debes realizar la indagación, aunque **el cierre dependerá de las preguntas que formulemos para poner en valor nuestro producto**. Esto lo veremos más adelante pero, por avanzar, te pondré un ejemplo:

Si el cliente quiere unas gafas de sol Rayban, puede que en el fondo quiera satisfacer una necesidad de pertenencia a un grupo de personas. Si nosotros vendemos otras marcas, podemos poner en valor que las nuestras se asocian a moda moderna y dejar a Rayban como marca de moda clásica o poco actual.

ESTRATEGIA PARA HACER PREGUNTAS DE INDAGACIÓN DEL PROBLEMA REAL

Recuerda que, **al identificar el problema real, descubres el factor determinante de compra del cliente**. Las preguntas de indagación deben seguir una mínima estrategia asociada a nuestro producto.

**5 pasos para crear tu propia estrategia
para formular preguntas de indagación**

PASO 1: Lo que en realidad buscamos es saber qué beneficio de nuestro producto está asociado al problema o preocupación real del cliente. Escribe una lista de beneficios de tu producto y crea preguntas asociadas a cada uno de ellos. *Por ejemplo, uno de los beneficios de las páginas web que desarrollo para mis clientes es que están preparadas para generar clientes potenciales. Entonces, una pregunta asociada a ese beneficio es: "¿Qué te gustaría que haga una página web por tu negocio?"*

PASO 2: Comienza a realizar este tipo de preguntas solo cuando ya hayas conseguido que el cliente piense que estáis en el mismo equipo.

PASO 3: Cuando el cliente responda a las preguntas, nunca le interrumpas. Incluso si él deja de hablar, guarda silencio por 3 o 4 segundos para que piense que estás esperando una respuesta más detallada. Te aseguro que en la mayoría de los casos volverá a hablar él dando aún más detalles.

PASO 4: Si el cliente no te ha ofrecido una respuesta clara, vuelve a la pregunta sin ser agresivo, pero esta vez dale alternativas de respuesta. *Por ejemplo: "Me gustaría regresar a la pregunta anterior, ¿qué esperas que haga un blog por tu empresa? ¿Difundir la propuesta de valor de la empresa o más bien que genere candidatos?".*

PASO 5: Una vez que has descubierto su preocupación real, ya sabes dónde le duele y ese es su factor de decisión de compra. Habla un poco más de ese tema de manera que le quede claro que tu propuesta irá en ese sentido. Una vez terminada la conversación, el cliente sentirá que tú, a diferencia de otros proveedores, comprendes su negocio y sus problemas.

Descubrir qué es lo que realmente le preocupa al cliente es la herramienta más poderosa para convencer en el momento de cerrar la venta.

PREGUNTAS PARA PONER EN VALOR NUESTRO PRODUCTO

Los vendedores que tienen la habilidad de poner en valor su producto son unos auténticos negociadores. Y esto no es otra cosa que poner en valor las ventajas del mismo, pero con mucho arte. No se trata de describir los beneficios, sino de **asociarlos a las preocupaciones del cliente que no son obvias.**

Ejemplo: Hace unos años estuve asesorando a una franquicia de ópticas y el responsable de ventas me dijo que los clientes eran muy sensibles al precio de las monturas y que ese era un problema, porque querían mejorar las ventas de la gama alta. Le pregunté sobre el beneficio de ese producto y, sin dudarlo, me contestó que realizaban una selección para ofrecer al cliente moda, tendencia y elegancia. También me comentó que los vendedores ya usaban esos argumentos con los clientes y que, a pesar de ello, seguían preocupados por el precio.

A continuación, voy a explicar cómo poner en valor los beneficios "moda, tendencia y elegancia", con mucho arte. De entrada no sirve de nada repetirlos, ya que el cliente sigue pensando en el precio. Por lo tanto, debemos conseguir que enfoque su mente en otra preocupación que no es obvia en este momento. Digamos que le hacemos la siguiente pregunta: "¿La montura que buscas será parte de tu personalidad?" Ya sabemos la respuesta, pero es importante que el cliente se lo pregunte a sí mismo. No había caído en eso antes y pensará más o menos así: "Usaré esa montura todos los días, ¡claro que será parte de mi personalidad e imagen! La primera impresión que tenga de mí un desconocido también dependerá de las gafas que lleve."

Te aseguro que, en ese instante, el cliente habrá dejado de pensar en el precio para enfocar su atención en "moda, tendencia y elegancia". Es ahora cuando podemos mostrarle la gama prémium de monturas.

Estoy seguro de que ya lo vas entendiendo. **No basta con decir que tu producto es de calidad, porque el cliente no asocia ese beneficio con ninguna de sus preocupaciones.**

Ejemplo: Un buen vendedor de chaquetas sabe que decir que sus productos son de calidad no es de mucha ayuda. Lo más acertado es preguntar más o menos así: "¿Le darás mucho uso o tienes varias chaquetas que irás alternando?". Si el cliente responde: "La verdad es que sí pienso darle un uso continuado", entonces es cuando puedes hablar de calidad, ya que acaba de enfocar su preocupación hacia ese beneficio.

Por cierto, ¿qué pasaría si el cliente respondiera que tiene varias chaquetas? En ese caso, descartaríamos el beneficio de calidad y resaltaríamos otros como moda o tendencia, porque ya sabemos que le gusta lucir diferentes *looks*.

Ahora ya has comprendido que **los beneficios de tu producto no sirven de nada si no están asociados a los problemas reales del cliente** y que, **la mayoría de las veces, estas preocupaciones no son obvias**, por lo que es muy importante formular preguntas que despierten en él esas inquietudes ocultas y que nos permitan poner en valor los beneficios de tu producto o servicio.

Un ejemplo más y pasamos a la estrategia para realizar preguntas que pongan en valor tu producto.

Ejemplo: En una ocasión, el responsable de ventas de un sitio web especializado en economía y empresa me ofreció sus servicios de publicidad en ese portal. Yo le pregunté: "¿Cuál es el beneficio de hacer publicidad de mis servicios de formación y asesoría de ventas en tu página web?". Él respondió que tenía muchas visitas y que en breve se duplicarían. También me ofertó un 50 % de descuento en el precio durante el primer año.

Analicemos este ejemplo. Los beneficios eran dos: muchas visitas y precio rebajado. Ahora vamos a ver qué es lo que realmente me preocupaba a mí. La verdad es que yo solo quería poder ser útil a mucha gente, porque estoy convencido de que es ser útil es el mejor plan de márketing que existe. Entonces, se produjo un conflicto entre los beneficios que me explicó el vendedor y mis preocupaciones. Finalmente, no compré sus servicios publicitarios.

¿Cómo hubiera actuado un buen vendedor? En este caso, primero habría sido necesario hacer preguntas de indagación, ya que el vendedor no conocía mi preocupación obvia. Las preguntas de indagación podrían haber sido así: "¿Crees que el público interesado en temas de economía y empresas es interesante para tu negocio? ¿Cómo quieres que este público vea tus servicios?" Mis respuestas le habrían dejado claro que lo que me preocupa es ser útil a mucha gente con ese perfil y, en ese momento, el vendedor habría estado listo para formular preguntas que pusieran su producto en valor, como por ejemplo: "Además de que la gente reciba esa utilidad, ¿crees que es importante para tu negocio que la relacionen con tu nombre o con el de tu empresa?".

En ese momento, yo habría pensado: "Claro, estoy empeñado en ser útil, pero si la gente no asocia eso a mi marca estoy pasando por alto algo importante". Este portal web especializado puede ayudarme a conseguir ese posicionamiento". De esta forma, ten por seguro que hubiera probado el servicio.

Los clientes tienen preocupaciones obvias y ocultas.
Si conoces las obvias, continua con las preguntas para poner
en valor tu producto y, si no las sabes, comienza
con las preguntas de indagación.

**ESTRATEGIA PARA HACER PREGUNTAS
QUE PONGAN EN VALOR TU PRODUCTO**
Recuerda que para poner en valor los beneficios del producto, solo mencionarlos es de poca ayuda. **Es necesario que el cliente se lo diga a sí mismo** y eso únicamente se consigue a través de preguntas.

**5 pasos con los que crear tu propia estrategia
para hacer preguntas que pongan en valor
los beneficios de tu producto:**
PASO 1: Debes **tener claros los beneficios reales de tu producto** y no los que se dicen sin más, como "servicio

personalizado" o "la mejor relación calidad-precio". Para ello, pregúntate lo siguiente: ¿cuál es la conveniencia de usar mi producto? Si yo fuera el cliente, ¿en qué caso compraría este servicio? ¿Qué tipo de cliente es el que más busca este producto? Esto te dará pistas de los beneficios reales.

PASO 2: Debes **tener identificada la preocupación obvia para el cliente**, esa que ya tiene en mente y quizá no haya dicho. Si todavía no la has reconocido, debes trabajar las preguntas de indagación.

PASO 3: **Crea una lista de preguntas asociadas a los beneficios de tu producto**, por ejemplo, si se trata de la rapidez de entrega, la pregunta puede ser: ¿ayudaría a reducir tus costes si los productos se pudiesen recibir en uno o dos días? Se entiende que el cliente ahorra al no tener que acumular stock en el almacén por previsiones.

PASO 4: Comienza a formular las preguntas de una en una y deja que el cliente hable, así podrás **ir descartando beneficios poco relevantes**.

PASO 5: **Cuando encuentres el beneficio que no era obvio para el cliente y lo deja contrariado e interesado, ese es el momento exacto de explicarle el detalle de ese beneficio.** Digamos que el cliente, no solo estará predispuesto a comprar el producto, sino que podría pagar incluso más de lo que pensaba.

Recuerda que las preguntas para poner en valor tu producto son las que hacen que sus beneficios tengan sentido.

PREGUNTAS PARA REBATIR OBJECIONES

Existe una teoría de ventas que indica que la venta comienza cuando el cliente hace objeciones. Esta teoría se basa en que **el cliente revela sus verdaderas preocupaciones al**

poner objeciones. Lo cierto es que muchas veces las decimos para quitarnos de encima al vendedor.

Una objeción puede ser una preocupación real o una excusa. En ambos casos, el cliente no ha detectado aún un beneficio claro.

Ejemplo: En una ocasión, una representante de una entidad bancaria me ofreció una tarjeta de crédito. Yo decidí dedicarle un momento aunque, en realidad, no tenía ningún interés por disponer de una nueva tarjeta. Su argumento de venta fue: "Usted ahorrará con esta tarjeta porque, en vez de acumular puntos, acumula dinero en cada compra." Después de pensarlo un momento, le contesté que me parecía interesante el producto, pero que ya tenía suficientes tarjetas. Ante esta objeción, ella repitió: "Pero esta tarjeta le devuelve un porcentaje de cada compra" Yo volví a decirle: "Sí, lo entiendo, pero no me interesa". Ella continuó: ¿"No le gusta ahorrar?" A lo que yo respondí: "Ahorrar es saber comprar y no gastar menos". Me fui de ahí sin ver un beneficio real para mí.

En este ejemplo hice dos objeciones. La primera, fue una preocupación real: "Tengo suficientes tarjetas". La segunda, una excusa: "No me interesa". Esto le sucede a la mayoría de clientes. Pasan de hacer objeciones con preocupaciones reales a dar excusas, y esto ocurre porque el vendedor no resuelve las objeciones reales.

Se supone que cuando te encuentras en una reunión de ventas en una oficina o en un comercio el cliente tiene un mínimo de interés. En ese caso, las primeras objeciones serán preocupaciones reales y, en breve, llegarán las excusas. Si detectas que el cliente ofrece objeciones excusa es porque no has sabido manejar las objeciones reales y te has alejado del cierre.

Ejemplo: Cuando compré mi primer coche visité varios lugares y, en la mayoría de ellos, me decían que al querer unas características diferentes a las de serie la entrega tardaría treinta o cuarenta y cinco días más. Mi objeción real fue: «El tiempo de entrega supone un problema para mí», y la mayoría de ellos respondía cosas como: «Ya, pero debes comprender que si pides algo personalizado tardará más» o «Es verdad, pero a cambio obtendrás un coche personalizado». De la mayor parte de esos lugares me fui dando una objeción excusa: «Voy a valorarlo con mi familia». Sin embargo, hubo un vendedor que, *ante mi objeción real, me preguntó:* "¿Necesitas un coche para viajar durante la espera?" Yo le respondí: "Dentro de una semana puede que necesite desplazarme 150 km para ver a un cliente". Él me ofreció un vehículo de cortesía para esas reuniones durante la espera y, finalmente, compré el coche en ese lugar (aunque luego no lo necesité durante el mes de espera).

Cuando abordas a un cliente a puerta fría, las primeras objeciones son excusas. Cuando es el cliente el que te busca, las primeras objeciones son preocupaciones reales.

ESTRATEGIA PARA HACER PREGUNTAS PARA REBATIR OBJECIONES

Cada vez que resuelves una objeción te acercas más al cierre de la venta. De no hacerlo te alejas y llegas a las excusas cuando la venta está ya perdida.

En los últimos años, el precio se ha convertido en una objeción que se ha acentuado. **Cuando un cliente** dice que nuestro producto le parece caro, tenemos que descubrir con respecto a qué, ya que el precio es solo una percepción. Para valorar algo como caro o barato lo hacemos comparando con otros proveedores, con lo que hemos oído de un amigo o con las expectativas de beneficio.

Ante una objeción que tenga que ver con el precio, siempre recomendaré incrementar las expectativas de beneficio para el cliente y no desprestigiar a la competencia.

5 pasos para que puedas crear tu propia estrategia para hacer preguntas que rebatan objeciones:

PASO 1: **Debes saber diferenciar una objeción real de una objeción excusa.** Eso lo consigues diciendo: "Me parece que eso lo podemos resolver". Si el cliente pregunta cómo, se trata de una objeción real. Si responde con otra evasiva y no le interesa resolver la anterior, se trata de una objeción excusa.

PASO 2: **Debes detectar si la objeción es por comparación con otro producto o una necesidad.** No es lo mismo decir que un servicio es lento porque los demás proveedores son más rápidos que porque el cliente lleva prisa. Pregunta por qué necesita más rapidez.

PASO 3: **Si la objeción es por comparación, incrementa el beneficio para que el cliente no pueda comparar.**

Ejemplo: Cuando un cliente me comentó que mi presupuesto para desarrollar una tienda online *le parecía alto, le pregunté si tenía otras propuestas, a lo que me contestó que sí. Entonces, le incrementé tres meses de asesoría en ventas* online. *Ahora el producto es diferente y no puede compararlo con los demás.*

Si la objeción real es por necesidad, por ejemplo, si el mismo cliente de la tienda online dice que no tiene otras propuestas, pero no dispone de ese importe, lo que le debería ofrecer es una fórmula de financiación. Estudia detenidamente este ejemplo de la tienda online porque la objeción es la misma y, sin embargo, se actúa de forma diferente si es por comparación o por necesidad.

PASO 4: **Siempre debemos hacer sentir al cliente que los beneficios que incrementamos los ha ganado él en la negociación.** Por ejemplo, si dice que treinta días de espera le parecen demasiado, le podemos preguntar cuántos días estarían bien para él. Si contesta quince, aunque podamos hacerlo, es mejor responderle: "En quince días no es posible, pero podemos comprometernos a veinte". Créeme que el cliente se irá más contento que si le hubiéramos ofrecido quince días ya que, en ese caso, él hubiera pensado que fue tonto por no exigir diez días.

PASO 5: **Asegúrate de que el cliente se lleve por escrito todas las objeciones resueltas.** Así, cuando revise la propuesta en casa, recordará que todas sus preocupaciones reales están resultas con nuestro presupuesto.

Cómo influir en la decisión de las personas

Antes de explicar los métodos de persuasión, me gustaría comentar el enfoque que voy a utilizar con respecto a las ventas. Lo voy a resumir en **tres puntos importantes que determinarán tu habilidad de persuasión:**

- Pensar de la manera "voy a crear las condiciones para vender" te ayudará a entender la persuasión como algo

natural. Uno de los elementos principales para originar las condiciones ideales para persuadir es el desvío de la atención.

- **La clave para persuadir a cualquier cliente no la tienes tú, sino él, y debes descubrirla**. Las personas son diferentes y debes aprender a "leerlas".
- **Los humanos solo entendemos las cosas a través de nuestras percepciones**. Por eso, es clave "parecer". No me malinterpretes, me refiero a la puesta en escena (entenderás este concepto a lo largo de este capítulo).

PERSUADIR USANDO EL COSTE DE OPORTUNIDAD

Uno de los métodos más potentes para persuadir a un cliente es **el temor que este tiene a perder una oportunidad**. Si el cliente detecta una oportunidad que estuvo a su alcance y que perdió, se siente mal. En condiciones normales y para evitarlo, si esa persona percibe una oportunidad clara, irá a por ella.

Robert Cialdini, autor del libro *Influencia, la psicología de la persuasión*, menciona **el miedo, la percepción de autoridad y el consenso (influencia social) como tres de los elementos más potentes de la persuasión**. Lo cierto es que **todos ellos intervienen en el coste de oportunidad**.

Para que una persona detecte una oportunidad clara no basta con mostrarle un "caramelo". Es necesario que sienta un mínimo de confianza para ir a por él y, la prueba social, es decir, **ver que otras personas están aprovechando la oportunidad, hará que incremente su confianza**. Otro elemento que consigue que las personas no desconfíen de una oportunidad es la autoridad. Cuando percibimos que el emisor del mensaje parece que sabe de lo que habla, entonces detectamos autoridad y eso crea confianza de manera automática.

Los siguientes ejemplos sobre coste de oportunidad los debes haber visto alguna vez: "50 % de descuento en camisas durante una semana" (Cortefiel) y "El día sin IVA" (Mediamarkt). Aunque estos casos únicamente funcionan de forma masiva, nos ayudarán a entender el concepto de crear oportunidades en la mente del cliente.

Para que este perciba una oportunidad potente, que no puede dejar pasar, **debemos enfocarla en la rentabilidad que obtendrá**. Quizá pienses que la rentabilidad que vas a ofrecer es material. Sin embargo, te aseguro que **la que todos buscamos es siempre emocional**.

En realidad, **las personas no pagamos por productos o servicios, sino por resolver nuestros problemas**.

Ejemplo 1: Un diseñador web puede aconsejar a un organizador de bodas que lance su página web antes de la primavera, ya que es en esta época cuando se suelen planificar este tipo de eventos y, teniendo en cuenta que el diseño de la web durará un par meses, le insta a que lo haga inmediatamente.

Como puedes ver en el ejemplo 1, la oportunidad para el cliente no reside en nuestro producto, ni en las características, tampoco en los descuentos, sino en la posibilidad de resolver un problema.

Ejemplo 2: Recuerdo que cuando compré un iPad, el vendedor me preguntó si lo quería con entrada de tarjetas para Internet. Con esa funcionalidad el precio se incrementaba en 70 €. Le contesté que no era necesario y él me respondió de esta forma: "Es verdad, si no lo vas a usar no tiene sentido. Además, si alguna vez necesitas conectar una tarjeta, puedes comprar en cualquier tienda un accesorio que vale unos 150 €, aunque es un poco incómodo porque es externo".

Todas las personas traemos de serie un mecanismo mental llamado **"aversión a la pérdida"** y nos cuesta resistirnos a este cuando se activa. En el ejemplo 2 puedes ver tres elementos que hicieron que yo invirtiera 70 € más:

- Primero, la credibilidad. No sentí que estuviese vendiéndome, pues me dijo que no era necesario y que, de precisarlo más adelante, podría encontrarlo en cualquier tienda.
- Segundo, la inversión de 150 € que tendría que hacer si lo necesitase en el futuro.
- Tercero, la incomodidad de tener que acoplar un accesorio externo.

En este caso se ven más claros los elementos de rentabilidad emocional, como la percepción de incomodidad de disponer de varios accesorios y el tener que lamentarme por no haber hecho una inversión menor.

Ejemplo 3: Cuando necesité cambiar el sofá de mi salón, fui a una tienda de muebles y, después de comentar mis preferencias al vendedor, este me preguntó: "¿Recibes muchas visitas?" A lo que respondí: "Suelo recibir amigos, algunas veces". Yo pensé que él quería saber si necesitaba algo resistente. No obstante, él continuó así: "Algunas personas creen que su salón es parte de su personalidad", y yo respondí: "Algo de razón tienen, puesto que al entrar es la primera impresión que se llevan".

Este tercer ejemplo me gusta mucho porque no se ve de forma evidente la creación de la oportunidad con rentabilidad emocional. Cuando el vendedor me preguntó por la cantidad de visitas que yo recibía en mi salón, quería que yo recordase a las personas que me suelen visitar e, inconscientemente, pensé en lo que quiero trasmitirles cuando entran a mi salón. Acto seguido, el vendedor realizó un comentario sobre lo que algunas personas piensan, y no necesariamente él, lo que le hizo muy creíble. Es más, consiguió que yo afirmase que también pienso de esa manera y en mi mente originó el siguiente pensamiento: "El nuevo sofá debe trasmitir mi personalidad a los amigos que me visitan". En definitiva, de manera inconsciente, el precio y el ahorro (rentabilidad material) ya no fueron los factores determinantes en la compra.

Pasos para crear coste de oportunidad en la mente del cliente:

PASO 1: Elimina la tensión cognitiva si la hubiera y, sobre todo, no favorezcas su creación.

PASO 2: Define la rentabilidad que debe percibir el cliente al contratar tus productos o servicios: ahorro, utilidad, prestigio, incremento de ingresos, reputación, reconocimiento, eficiencia, entretenimiento, seguridad, innovación, moda, lujo, etc.

PASO 3: Enfoca todo tu discurso en conseguir que el cliente reconozca el problema y lo visualice como verdaderamente incómodo. Debes crear el "picor" o no será necesaria tu "loción".

PASO 4: Haz una lista de los argumentos que justifican que tu producto o servicio conseguirá los beneficios que aseguras. El cliente, al estar interesado, necesitará argumentos razonados o lógicos.

PASO 5: Traduce los argumentos de venta en preguntas imparciales. En mi caso, las preguntas son más o menos así:

- ¿Sabes cuánto te cuesta hacer un nuevo cliente?
- ¿Cómo es tu proceso para generar clientes?
- ¿Cómo es tu proceso para madurar y convertir clientes?

Son preguntas con las que espero que respondan que no lo saben y que hagan la siguiente reflexión: ¿por qué no lo sé o por qué no lo tengo?

PASO 6: Explícale al cliente lo que está perdiendo. Este paso solo se debe usar cuando no entiende cuánto perderá o ganará. En mi caso, mi "entrenamiento en ventas" lo realizo de la siguiente manera: debo saber cuánto cuesta hacer un nuevo cliente. Como punto de partida es muy importante controlar ese coste ya que, si lo desconozco, puede que esté incrementándolo sin mejorar en ventas.

No tener un proceso para generar clientes potenciales hace totalmente ineficiente el proceso de ventas de un producto.

No poseer un proceso para madurar clientes y convertirlos es la causa de que perdamos los pocos interesados que tenemos.

PERSUADIR CREANDO LA PERCEPCIÓN DE UTILIDAD
Todos hemos empleado esta técnica alguna vez, independientemente de que nos dediquemos o no a las ventas. Recuerda las veces que de niño/a de forma premeditada prestaste un juguete sin pedir nada a cambio. Lo que realmente querías era condicionar a la otra persona para que

luego te prestara su bicicleta. Este ejemplo explica claramente la persuasión creando la percepción de utilidad o, como lo llaman los investigadores, **persuasión por reciprocidad**.

Puede que pienses que es una técnica poco honorable, pero no es así, ya que se trata de ofrecer una utilidad auténtica. A continuación, te muestro algunos ejemplos:

Ejemplo 1: Una vez conocí a un vendedor de coches que permitía a los clientes probarlos los domingos, día en que la tienda permanecía cerrada. Él personalmente llevaba el coche a casa de los clientes que querían probarlo. Esto les condicionaba, pues sentían que le debían un favor al vendedor. El 100 % de los clientes que terminaban comprando un coche, lo hacían con esta persona.

Este ejemplo nos permite comprender el poder de la reciprocidad. El secreto reside en la anticipación. Así, **el vendedor debe detectar algo que valora el cliente y ofrecérselo y, si lo consigue, creará unas condiciones muy favorables para la venta**.

Ejemplo 2: Cuando un emprendedor solicita mi ayuda para desarrollar el proceso comercial de su nuevo negocio, una de las cosas que suelo preguntar es sobre el programa informático que empleará (la mayoría de las personas no tiene conocimientos técnicos). Entonces, dependiendo de lo clave que sea la tecnología para su negocio, me ofrezco a acompañarle en las reuniones con proveedores tecnológicos. Créeme que no exagero cuando digo que el 100 % de las personas a las que consigo asesorar en tecnología compran mis servicios de márketing.

En el ejemplo anterior puedes ver que aprovecho una habilidad que tengo, pues soy ingeniero informático, aunque ya no trabajo en tecnología. Ofrezco ayuda para elegir proveedores de otros servicios y productos. **Cada vendedor debe encontrar en sus habilidades algo que sea útil al cliente y, a la vez, condicione la reciprocidad.**

> *Ejemplo 3: Como sabes, en España existen subvenciones para que las empresas puedan actualizar sus programas informáticos: páginas web, comercio electrónico, etc. La mayoría de las veces, la preparación de la documentación para solicitar la subvención es compleja para el beneficiario. Por este motivo, siempre me he ofrecido a realizar este trabajo a mis clientes, lo que condiciona bastante su elección del proveedor.*

Curiosamente, esta labor de preparar la documentación de subvenciones no produce la percepción de ayuda cuando el vendedor lo ofrece como argumento de venta a nuevos clientes (me refiero a clientes con los que no se ha tenido contacto aún). Todo lo contrario, se percibe como una encerrona. Si te encuentras en esta situación y quieres que este servicio adicional se perciba como ayuda, te recomiendo que únicamente lo ofrezcas cuando ya hayas tenido contacto con el cliente. El instante perfecto es cuando le explicas el tema de la subvención y notas que te hace muchas preguntas.

Puedes intentar ser útil con acciones más pequeñas como, por ejemplo, adecuarte a la disponibilidad de horario del cliente (si esta es reducida mejor todavía). También puedes ofrecer reunirte fuera de la oficina en un lugar que le venga bien a él, entregar datos relevantes para su negocio en la reunión de ventas, etc.

Siempre que puedas ofrecer algo que para él tenga mucho valor y que no tenga que ver directamente con tu producto o servicio, estarás condicionando al comprador a elegirte.

Herramientas para crear percepción de utilidad en la mente del cliente:

- **Allana el camino**
  Identifica la conveniencia del cliente para comprar tu producto. Encuentra los obstáculos que impiden que use tus productos o servicios. Por ejemplo, yo ofrezco un servicio para definir la estrategia de contenidos para una empresa. Sé que para varios negocios, el hecho de usar contenidos para sus procesos comerciales, les supone la necesidad de un blog. Entonces yo les ofrezco asesoría gratuita en la creación de su blog.

- **Proveedores**
  Identifica productos o servicios que necesita tu cliente y que tú no ofreces. Es evidente que no se los vas a regalar, pero sí puedes encontrar formas de ayudarle. Por ejemplo, puedes ofrecer información o ayuda para elegir esos proveedores. Para esto es necesario que te impliques, no basta con dar nombres de proveedores, también debes compartir criterios de elección, datos de mercado, etc.

- **Disponibilidad**
  Muchos clientes deben realizar auténticos esfuerzos para cuadrar sus agendas y conseguir avanzar en un nuevo proyecto, así que ayudarles con ello les supone un alivio muy importante. Me refiero a escoger las horas para las reuniones, fechas y lugares. Personalmente, suelo asesorar a emprendedores y sé que el perfil de emprendedor

medio en España es el de una persona de entre 35 y 45 años, que no ha dejado su trabajo anterior. Por tanto, me muestro disponible para ellas a la hora, el día y el lugar que mejor les venga. Esa flexibilidad que ofrezco crea percepción de utilidad sincera.

- **Datos relevantes**

Identifica si existe información relevante para tus clientes (datos de mercado, competidores, oportunidades, etc.) y ofrécesela. Pero, cuidado, no lo hagas directamente o no parecerá ayuda sincera. Debes crear las condiciones idóneas para que ellos te soliciten esa información. Primero, puedes introducir el tema preguntando por el mercado o la competencia. Luego puedes comentar que os ha tocado hacer un estudio sobre ello o que has recibido esa información de alguien. Es en ese momento cuando dejas caer el "Si te es útil podría…" o "Ahora que me comentas eso, creo que sería relevante para ti…". Si el cliente responde que sí, lo quiere antes de que termines de preguntárselo o te lo pide antes de insinuarlo, es la señal de que es muy relevante para él.

Con esta técnica, no solo habrás conseguido ser de ayuda, sino que además habrás descubierto lo que le preocupa y podrás utilizarlo como argumento para la venta. Adicionalmente, conseguirás que el cliente se sienta a gusto contigo porque percibe que entiendes su negocio y sabes lo que le inquieta.

PERSUADIR HACIENDO QUE EL CLIENTE ASUMA COMPROMISOS

El compromiso predispone al ser humano a actuar de una determinada manera. Es verdad que no determina un comportamiento, pero sí lo condiciona.

Ejemplo: Para conseguir que un hijo llegue a casa a una hora concreta, lo más efectivo no es decirle que tendrá un castigo por llegar tarde, sino algo así: "¿Crees que te puedes comprometer a regresar antes de las 11 pm?". Verás cómo se quedará pensando, porque su mente le dice que, si se compromete, debe cumplir. Si el padre repite una vez más la pregunta hasta que su hijo diga "está bien, me comprometo", créeme, la probabilidad de que lo cumpla es mucho mayor.

Ahora, un ejemplo en ventas: Supongamos que un vendedor de páginas web, intencionadamente le pregunta a su cliente: "¿Lo más importante para hacer la inversión de una página web para tu empresa es conseguir ventas, verdad?". Tan solo deberás esperar unos segundos y, cuando el cliente responda que sí, automáticamente se habrá comprometido, de forma inconsciente, a contratar algo que parece que le hará mejorar las ventas. A partir de aquí, ya no es tan importante hablar de diseño, que para eso ya hay mucha competencia. Conseguiremos enfocar la decisión del cliente en otro campo en el que no tenemos competidores.

Para que esta técnica de persuasión resulte efectiva y sea mucho más fácil conseguir el compromiso, debemos indagar en las expectativas del cliente.

Te estarás preguntando por qué el cliente no abandona su compromiso al notar que somos vendedores. Está comprobado que **cuando una persona elige una alternativa o toma una decisión, se compromete y hace todo lo posible por ser consecuente con ella.** Por ejemplo, las personas a las que no les gusta un tipo de comida o el fútbol, no suelen recordar la razón. En la mayoría de los casos esto se debe a algún compromiso que asumieron y que estaba en su contra.

A continuación, te muestro tres ejemplos de venta en los que el compromiso juega un rol importante para la venta e, incluso, para la repetición:

Ejemplo 1: Una madre quiere inscribir a su hijo a un campamento en el que el niño practicará inglés, pero le preocupa mucho el precio, ya que existen campamentos más económicos. El vendedor le pregunta a la madre: "¿Qué es lo que espera de un campamento como este?", a lo que la madre responde: "Espero que mi hijo mejore su conversación, ya que he invertido mucho para que hable este idioma". En este caso, el vendedor no sabe cómo comprometer a la madre y formula una pregunta clave para averiguarlo. Ahora lo que queda por hacer es lograr que firme esa expectativa y después vender eso que ha firmado.

Para encontrar algo en que se pueda comprometer el cliente debes indagar en sus expectativas y realizar la pregunta correcta.

Ejemplo 2: Un vendedor de publicidad de una revista especializada en emprendimiento mantiene una conversación con el gerente de una empresa de consultoría, al que trata de convencer para que invierta en publicidad. El cliente expone: "Me preocupa que los lectores de tu revista sean solo emprendedores sin presupuesto para contratar mis servicios. Hoy en día abundan los emprendedores sin dinero». El vendedor arremete diciendo: «Nuestra revista tiene dentro de sus lectores a emprendedores que ya están realizando inversiones y lo sabemos porque los entrevistamos periódicamente». Al parecer es una buena respuesta, pero la probabilidad de lograr la venta se incrementaría al doble si el vendedor consiguiera el compromiso antes de ofrecer sus argumentos.

Podría haber respondido: "Entiendo que son épocas para invertir con cuidado en publicidad. Vosotros únicamente deberíais hacerlo sobre un público emprendedor que tenga presupuesto e, incluso, que ya haya iniciado operaciones, eso indica que ya tienen fondos, ¿no es así?". El cliente respondería: "Por supuesto, ahora me has entendido, eso es justo lo que estoy buscando". Este es justo el momento de argumentar que los tenemos y... voilà, ¡venta cerrada!

Ejemplo 3: Los vendedores de coches son personas que han desarrollado con destreza esta habilidad de persuasión. Si te ha tocado observar a un vendedor de coches en acción, habrás notado que realizan comentarios sobre las prestaciones del coche y siempre se detienen a ver cómo respondes corporalmente. De esta forma saben si deben hablar del sonido, del motor, de la velocidad, del espacio, de la funcionalidad o del mantenimiento.

Recuerdo la vez que compré mi primer coche e intenté que el vendedor se equivocara. Cuando me habló del sonido envolvente yo solo respondí que era "interesante", a lo que optó por cambiar de tema y mencionar los caballos y la velocidad. Entonces, yo volví a responderle que me parecía "interesante". Luego me preguntó si tenía hijos y le dije que los solía llevar mi mujer. El vendedor estaba desconcertado hasta que, de repente, me preguntó: "¿Tú te dedicas a las ventas, verdad?". Le respondí que sí, pero que yo no lo hacía tan bien como él. A partir de ahí toda *su explicación se centró en el ahorro de combustible, el mantenimiento mínimo y todas esas cosas que espera un vendedor de su propio coche. Vamos, que al final me pilló.*

En resumen, esta técnica se basa en **indagar las verdaderas expectativas del cliente, conseguir que firme por alguna de estas expectativas y, finalmente, rematar en ese sentido**. El cliente intentará, en la mayoría de los casos, ser consecuente con lo que firmó.

Practica este método varias veces con amigos, hijos o con tu pareja y te sorprenderá. Hacerlo con clientes es lo mismo.

PERSUADIR TRANSMITIENDO PERCEPCIÓN DE CONFIANZA

Es evidente que la autoridad genera confianza y se percibe mediante destrezas demostradas directamente (blog, conferencias) o a través de terceros (testimonios).

Es posible generar confianza demostrando conocimiento, experiencia y destreza en los temas asociados a nuestro producto. Sin embargo, para que esta técnica de venta sea extremadamente poderosa, **debemos conseguir que nuestras habilidades se demuestren con una cierta credibilidad**. No basta con decir "soy un experto". En todo caso, esto lo debe expresar y pensar nuestro público.

A continuación, voy a compartir contigo dos formas probadas de trasmitir autoridad y confianza de forma efectiva y con credibilidad:

1. La primera es **generar contenido extremadamente útil para tu cliente, con una calidad por la que cobrarías, pero que compartes de forma gratuita**. Además, debes

invertir en la difusión de esa información. Puede que no te apetezca crear contenido digital, pero debes saber que también puedes hacerlo de forma presencial, mediante un curso de formación o una conferencia. Tan solo debes mantener el mismo principio de calidad y gratuidad.

2. La segunda forma de transmitir confianza se basa en **conseguir que otras personas ofrezcan testimonios de los beneficios obtenidos con nuestros productos o servicios**. Por supuesto, deben ser y parecer auténticos. Los testimoniales han de ser públicos y debe ser posible conocer los nombres y perfiles de sus autores.

CÓMO GENERAR AUTORIDAD CON CONTENIDOS

Puedes comenzar **identificando todo aquello que hará tomar una mejor decisión a tu cliente en la búsqueda de una solución a sus problemas**. Haz una lista y esa será la clave que te dará autoridad.

Una empresa que precisa mejorar sus ventas no quiere que le digan que lo que necesita es una nueva página web, un curso de ventas o invertir en publicidad. Lo que desea saber es cómo estas herramientas conseguirán el incremento en ventas. Esa información le hará tomar una mejor decisión de compra.

Veamos un ejemplo: Mi empresa desarrolla "estrategias de contenido" para crear públicos. En este caso, para el cliente es crítico saber cómo el contenido será capaz de atraerlos, convencerlos de que compren y, además, que sean capaces de recomendarle. Esta es la información que damos a nuestros clientes potenciales y que nos convierte en un posible recurso para ellos.

El segundo paso para obtener autoridad con contenidos es su creación. En este punto te recomiendo que recurras a profesionales que sepan **crear contenido de calidad**. Este no solo debe ser diferente, también ha de resultar relevante para el público elegido.

Los formatos que puedes utilizar son artículos en un blog, libros y documentos de descarga, cursos *online*, webinars, etc. También puedes crear contenido de forma presencial como conferencias, charlas, cursos de formación, etc.

CONSEGUIR QUE OTRAS PERSONAS HAGAN TESTIMONIOS POSITIVOS DE NUESTROS PRODUCTOS

Los testimonios son la prueba social de que tus productos o servicios son los que necesita el cliente. El problema con ellos es que se suele sospechar de su procedencia. Por este motivo, **necesitamos ofrecer todas las garantías de que se trata de declaraciones auténticas**.

Los datos que hacen que no se dude de un testimonio son el nombre, el apellido, el puesto y la empresa de la persona que lo realiza. Te estarás preguntando cómo puedes conseguir toda esa información de forma voluntaria. Aquí va el truco:

- Crea una prueba gratuita de tu producto o servicio e invita a unos cincuenta clientes potenciales para lo prueben y pide a cambio un testimonio positivo de la prueba.
- El número de pruebas gratuitas dependerá de la inversión y del número de declaraciones que necesites. Por ejemplo, si el producto es un libro digital o un software, la inversión por cada copia es cero, pero si el producto es formación o consultoría en directo, la inversión será mayor.

- Para asegurar que los testimonios sean favorables no debes olvidar solicitar "opiniones en positivo". De esta manera, no les dices cómo deben escribir el testimonial, pero sí les condicionas a que busquen algo positivo de la prueba gratuita.
- Ten en cuenta que solo obtendrás un 30 o 40 % de testimonios del total de pruebas. En este caso en concreto, con cincuenta pruebas gratuitas obtendrás unos quince o veinte.

Con esta técnica podrás conseguir testimonios positivos para cualquiera de tus productos. Incluso sin tener ni un solo cliente, ofrecerás una imagen de autoridad respaldada por las opiniones de "usuarios".

Capítulo 4
Cómo vender en redes sociales *online*

Cómo usar las redes sociales *online*
para vender

Partiendo de la premisa de que el Social Selling no se refiere solo a entornos sociales en Internet, en este capítulo sí que me voy a referir exclusivamente a las redes sociales *online*. Quiero resaltar este apunte porque hay muchos autores y profesionales que consideran que el Social Selling es potestad de Internet, a pesar de que esto no es cierto.

La mayoría de las empresas que ha intentado vender usando redes sociales, o bien ha fracasado, o bien no ha conseguido los resultados esperados. En parte, esto se debe a que los consejos que reciben sobre la venta en estos entornos son muy genéricos y difíciles de llevar a la práctica.

Veamos algunas de las recomendaciones que la mayoría ya hemos escuchado y que no nos ayudan a enfocar un proceso de ventas eficiente en redes sociales:

- Sé constante con las publicaciones en RRSS.
- Elabora un plan de márketing en RRSS.
- Es esencial que contrates a un *community manager*.
- Debes tener una estrategia de social media.

- Obtén fans y seguidores y dales contenido interesante.
- Coloca los enlaces de tus redes sociales en tu página web, tarjeta de presentación, coche de empresa, vallas publicitarias (los tres últimos ejemplos no tienen sentido, ya que no es un enlace donde se pueda hacer clic).
- Consigue que todos los empleados compartan los contenidos.
- Realiza sorteos y concursos.
- Produce imágenes y vídeos muy divertidos para publicar.
- Planifica una estrategia con algún gurú *influencer*.

Puede que tu empresa ya haya probado alguno de estos consejos, pero solo conseguirán que te frustres al llevarlos a la práctica.

Para generar clientes en redes sociales es necesario seguir una secuencia de tres pasos:

1. Atraer candidatos con el perfil adecuado.
2. Iniciar relaciones comerciales con los candidatos.
3. Madurar a los candidatos educándolos.

Esta es una secuencia lógica que la mayoría de empresas entiende, pero que no pone en práctica. A continuación, te explicaré cómo llevar a cabo estos tres pasos de forma eficiente y contundente con los que conseguirás generar clientes para tu empresa o negocio utilizando las redes sociales.

No obstante, es necesario que primero comprendas que en Internet los contenidos son muy abundantes, mientras que con la atención de las personas ocurre lo contrario, es muy escasa. Es importante que nunca olvides que **las personas tienen colmada toda su cuota de atención en Internet y lo que queremos conseguir es "robar" una parte de ella.**

Para lograr que una persona abandone parte de su atención hacia cosas que le interesan y la enfoque hacia nuestros mensajes, **es vital que seamos extremadamente útiles**. No interesantes, ni importantes, sino ÚTILES.

Para lograr que una persona enfoque su atención hacia nuestros mensajes es vital que seamos extremadamente útiles.

Y para ello, **es imprescindible que antes acertemos definiendo el perfil del público que queremos atraer**. Es lógico, ya que si el público es muy heterogéneo será muy difícil conseguir ofrecer una utilidad que les satisfaga a todos.

Aquí tienes una de las razones por la que muchas empresas no consiguen seguidores, fans o contactos. Y es porque no especifican bien el público al que se quieren acercar en las redes sociales y se obsesionan con ser útiles a todo el mundo. Es más, las empresas que tienen distintos productos para diferentes tipos de público y que cuentan con una sola comunidad para todos ellos, aún están más equivocadas.

Únicamente cuando tenemos un público bien definido y una utilidad que proporcionarle podremos ofrecer una propuesta de valor.

LA PROPUESTA DE VALOR

La propuesta de valor en un proceso de generación de clientes potenciales no tiene nada que ver con nuestros productos o servicios. Se trata más bien de **una proposición que mejore en algún sentido las actividades de un público determinado.**

Por otro lado, **debe estar dirigida a un público muy específico para conseguir así la mejor segmentación posible.** Por ejemplo, una empresa de tecnología que tiene como propuesta de valor el sorteo de una tableta o de un iPhone no está haciendo un buen trabajo de segmentación del público.

No podemos pasar por alto la propuesta de valor cuando intentamos generar clientes potenciales para luego convertirlos en clientes finales.

Puede que estés pensando que el proceso de compra de tu cliente es mucho más simple, que tan solo busca lo que quiere y, si lo encuentra, ya está, lo compra sin que haya sido necesaria una propuesta de valor ni nada por el estilo. Lo que sucede es que, en ese caso concreto, se trata de clientes que ya llevan la intención de compra al buscar. **La propuesta de valor toma sentido cuando queremos captar clientes con el perfil adecuado, personas que en breve tendrán necesidad de nuestro producto, pero que aún no lo saben y, que por tanto, necesitamos educar.**

Conociendo por qué debes usar una propuesta de valor para atraer a clientes con el perfil apropiado, conseguirás trabajar la venta con mayor confianza y seguridad.

Más adelante veremos cómo crear una propuesta de valor sólida para tu producto.

LA DIFUSIÓN DE LA PROPUESTA DE VALOR

Algunas empresas consiguen desarrollar una propuesta de valor eficiente, pero fallan en la difusión de la misma. Y no me refiero solo al hecho de que no son capaces de llegar a su audiencia, sino a que no logran llegar al público con el perfil idóneo para sus productos.

La difusión pone a prueba lo eficiente que es nuestra propuesta de valor y determina el tráfico necesario a nuestra página web para seguir con el siguiente paso, que es la captación del cliente potencial.

Si te das cuenta, **un buen trabajo con la propuesta de valor y la difusión determinará la calidad del cliente potencial que finalmente consigamos.**

LA CAPTACIÓN DEL CLIENTE POTENCIAL

Aunque la propuesta de valor y su difusión son importantes en el proceso de generación de clientes en redes sociales, la habilidad que tengamos para captar y conectar con el público determinará la posibilidad de iniciar relaciones comerciales con él.

Cada día recibimos visitas a nuestras páginas web provenientes desde las redes sociales, y sin embargo, la mayoría de estas personas las abandona sin dejar ningún de dato de contacto.

La escasez de atención de las personas y el gran número de distracciones que existen en Internet hacen que solo dediquemos unos segundos a los contenidos de las páginas web. Esto se traduce en que los negocios pierden muchos clientes potenciales, personas que, aunque están interesadas en sus productos y servicios, abandonan enseguida la web sin que la empresa haya podido ponerse en contacto con ellas.

LA MADURACIÓN O EDUCACIÓN DEL CLIENTE POTENCIAL

Existen algunas páginas web y perfiles en redes sociales que consiguen que sus visitantes se identifiquen, pero muy pocas inician un proceso de maduración que permita convertir a los clientes con facilidad.

El proceso de maduración no es otra cosa que **educar a nuestros clientes para que tomen mejores decisiones de compra.**

En muchas ocasiones sucede que cuando una empresa consigue que los clientes se identifiquen en sus redes sociales o página web, malogran la venta lanzando una propuesta al cliente potencial que aún no está maduro.

Ahora sí ha llegado el momento de profundizar en los tres pasos que conseguirán que generemos clientes potenciales de forma constante: atraer, captar y madurar.

Cómo atraer clientes potenciales desde las redes sociales

PROPUESTA DE VALOR PARA ATRAER CLIENTES

La mayoría de empresas no comprende qué es la propuesta de valor para atraer clientes. Yo mismo tardé algunos años en tenerlo claro.

Una propuesta de valor para atraer clientes no está asociada a los beneficios de tus productos o servicios. Si estás pensando que una proposición de valor para tu negocio puede ser el hecho de que llevas muchos años en el sector, que cuentas con profesionales con dilatada experiencia o que tu servicio es de calidad y es personalizado, estás equivocado al igual que lo estuve yo tiempo atrás.

La propuesta de valor para atraer clientes siempre debe parecer imparcial, no vendedora. Por ejemplo, las tiendas *online* suelen ofrecer un 10 % de descuento en la próxima compra si te suscribes a su *newsletter*. Esta propuesta es claramente vendedora y solo podría ser de valor para quien lleva mucha intención de comprar.

Cuando vamos a por nuevos clientes, la propuesta de valor **nos tiene que ayudar a atraer a posibles clientes que aún no llevan la intención de compra, pero que tienen el perfil idóneo para usar nuestros productos o servicios.**

Un buen ejemplo de propuesta de valor se puede ver en las empresas que ofrecen contenidos útiles a sus visitantes, a cambio de que estos dejen sus datos de contacto. Estos contenidos no intentan vender los productos del negocio, o al menos no lo percibe así el visitante, que está enfocado en resolver cuanto antes sus problemas.

Este caso aclara la idea de propuesta de valor, aunque luego veremos que la parte complicada está en definir cuál será ese contenido y cómo difundirlo.

Entonces, ¿qué requisitos debe cumplir una propuesta de valor que atraiga clientes?

1. Debe parecer que proporciona valor solo para el cliente. Por lo tanto, no debe estar asociada a nuestros servicios o productos.
2. Debe ayudar a solucionar un problema a las personas que hemos identificado como clientes potenciales.
3. Debe ser de fácil acceso. Los visitantes deben poder acceder a ella de forma muy sencilla y sin procedimientos complejos.
4. El valor debe ser muy específico para evitar que se perciba como algo ya muy visto.

EL CONTENIDO Y LA PROPUESTA DE VALOR
Este puede mostrarse en diferentes formatos digitales (libros, documentos, cursos, webinar) o presenciales (talleres, conferencias, cursos).

Aunque la parte técnica de la creación de contenido está al alcance de la mayoría de las personas, saber transmitir un mensaje diferente y útil es algo que requiere más trabajo.

Veamos un ejemplo. Una empresa de diseño web que crea un documento de descarga ofreciendo "10 consejos sobre posicionamiento en Google" se va a encontrar con el siguiente problema: no es diferente, hay millones de documentos sobre ese tema en Internet y, además, no es útil.

Entonces, ¿qué características debe tener un contenido para que se pueda utilizar como propuesta de valor?

1. Debe llevar un título que explique (no que venda) lo que nos encontraremos dentro.
2. El tema debe ser específico para que sea útil.
3. Las ideas que se ofrecen deben ser prácticas y de fácil aplicación.
4. El contenido debe incluir ejemplos, ya que es la mejor forma de comprender las cosas.
5. Sobre el lenguaje que debes usar, no está nada probado. Lo que yo te recomiendo es que emplees el tono que defina la personalidad de tu empresa.

FORMATOS DE CONTENIDO PARA UNA PROPUESTA DE VALOR

E-book
Actualmente están siendo muy utilizados, pero tienen el riesgo de que las personas los archiven para leerlos más tarde. Por eso, es recomendable escribir los e-books de descarga muy cortos y adaptados a dispositivos móviles. Hay una tendencia de consumo de microcontenidos en el móvil y las tabletas (cuidado con los PDF, que no están adaptados a móviles).

Cursos *online*

Es un formato muy potente, pero debes usar herramientas un poco más sofisticadas para hacer un seguimiento adecuado. Los criterios son parecidos a los del e-book: la tendencia al consumo del microcontenido nos indica que los cursos se deben impartir en lecciones cortas y prácticas.

Webinar

Permite que hagamos presentaciones a través de Internet y en directo a un grupo de personas que se encuentran en diferentes lugares. Es un formato que permite compartir la propuesta de valor en directo. El problema es que tiene un alto grado de abandono, ya que como las suscripciones se hacen con anterioridad, es necesario mantener el interés de las personas hasta el día del webinar.

Cursos y talleres presenciales

Permiten hacer venta directa usando el contenido y sin que el asistente se dé cuenta. Al ser el método más eficiente para compartir una propuesta de valor, es el formato más costoso, tanto para la convocatoria como para la impartición.

LA PROPUESTA DE VALOR Y LA VENTA

A pesar de que el contenido es imparcial y los usuarios tienen la percepción de que no hay venta de por medio, la verdad es que lleva un componente comercial muy potente. Intentaré explicar esto con cuidado para que sea bien interpretado.

La propuesta de valor manifestada en un contenido debe ser de gran utilidad al cliente. Pero además debemos añadirle el ingrediente de "ayudar al cliente a comprar". En otras palabras, **debe revelar carencias que necesita y en las que nosotros somos proveedores**.

> *Ejemplo: La marca de productos de bricolaje que decide hacer cursos sobre cómo montar diferentes cosas. Es verdad que es muy útil para el público al que le gusta el bricolaje, pero además, cuanto más aprende más va haciendo y se da cuenta de que va a necesitar herramientas que no posee y que pensaba que no eran necesarias. Por tanto, esta propuesta de valor ayudará después a la venta de productos.*

Hasta aquí, espero que hayas comprendido lo que es una propuesta de valor para atraer clientes, qué características debe tener y por qué es tan importante en un proceso de ventas. No es necesario que pienses aún en cómo difundir la propuesta, esto lo veremos más adelante.

PASOS PARA CREAR TU PROPUESTA DE VALOR

1. **Define el perfil de cliente de uno de tus productos.** Recuerda, "una propuesta por cada producto". Si tienes diez productos distintos, no intentes hacer una sola propuesta, no funcionará ante públicos diferentes.
2. **Haz una lista de cosas en las que puedes ayudar a este público, sobre todo, en actividades relacionadas con tu producto.** Por ejemplo, una clínica veterinaria puede ayudar a sus clientes a conocer el tipo de alimentación, aseo y diversión adecuados para sus mascotas. Se supone que es mejor proporcionar utilidad en actividades relacionadas a lo que resuelve nuestro producto o servicio, pero algunas veces podemos dar utilidad en cosas más

alejadas de nuestros servicios, pero muy importantes para nuestro público. Por ejemplo, las operadoras de telefonía proporcionan ayuda sobre emprendimiento y procesos comerciales a autónomos. Esto hace que muchos profesionales independientes se acerquen a la empresa.

3. **Define el formato en que compartirás esta propuesta de valor** (e-book, curso, webinar, etc.). Lo mejor es comprobar si técnicamente tienes las habilidades necesarias para realizar cualquiera de estos formatos.

4. Finalmente, **crea el contenido y recuerda que tiene que ser muy específico y útil**. Si no tienes suficiente conocimiento del tema, será mucho mejor que lo contrates. Eso sí, tú debes dar las pautas de cómo quieres que sea ese contenido.

DIFUSIÓN DE LA PROPUESTA DE VALOR PARA ATRAER CLIENTES

Pregúntate lo siguiente: ¿qué haría yo para difundir un contenido a través de Internet? Tómate un par de minutos.

Tu respuesta puede que incluya tus cuentas de Facebook, Twitter, LinkedIn, etc. También puede que hayas pensado en la base de datos de tus clientes, y si eres de los que les va la inversión, seguro que has tenido en cuenta la publicidad en Google. Ninguna de estas respuestas es mala en realidad, pero es necesario que hagas la siguiente reflexión:

- ¿Quién debe enterarse de que existe este contenido? ¿El cliente, el amigo del cliente o los dos?
- ¿Cuál es el comportamiento de estas personas en términos de consumo de contenidos? ¿Leen blogs, usan Twitter, LinkedIn, Instagram, van a charlas y conferencias, o solo usan Facebook?

- ¿Debo invertir en publicidad para llegar a ellos o no?

La respuesta que obtengas después de este razonamiento lógico te preparará para que definas una estrategia apropiada.

> *Ejemplo: Recuerdo cuando quise llevar un contenido sobre ventas usando redes sociales a los comercios de la ciudad donde yo vivía. Hice este razonamiento y extraje la conclusión de que estas personas no consumían este tipo de contenido a través de Internet aunque, por otro lado, sí eran activas en Facebook. ¿Qué harías con esta información? Por favor, no digas que intentarías trasmitir este contenido de ventas en redes sociales a través de Facebook.*
>
> *Sí que usé Facebook, pero solo para difundir dónde podían consumir el contenido. El formato para el contenido fue un taller presencial en la sala de un hotel que alquilé en la ciudad. El resultado fue el siguiente: el objetivo optimista era de 60 personas, y se apuntaron 140. Tuve que hacer la charla en dos sesiones, porque el espacio era para 70 personas.*

PÚBLICO PARA DIFUSIÓN

Puede que pienses de la siguiente manera: si el contenido ya está hecho, ¿por qué no difundirlo sin discriminar a todos los que podamos? La respuesta es sencilla: difundir un contenido cuesta unos recursos que implican tiempo, dinero y personas. Debemos ser eficientes en la difusión o incrementaremos el coste de adquisición de un cliente.

La eficiencia en la difusión se consigue incrementando la probabilidad de que a la persona que ve la propuesta

le interese y tenga el perfil que hayamos definido para nuestro público.

En la creación de la propuesta de valor has tenido que definir el perfil del público que debe consumir el contenido. Pues bien, debes enfocarte en él, ya que el contenido será de especial interés para ese perfil de personas y a nosotros como empresa nos interesa que lo hagamos así.

No olvidemos que la difusión es solo un eslabón en la cadena de procesos para conseguir clientes. El proceso de captación de clientes potenciales espera que la difusión atraiga solo a los que se convertirán en clientes finales.

ACCESIBILIDAD DEL PÚBLICO

Para que la difusión tenga éxito es fundamental saber si es posible llegar al público elegido.

Ejemplo: Hace unos días me reuní con una persona que había identificado 8.000 nombres de empresas con posibilidad de ser cliente, para un nuevo producto que estaba lanzando. Estaba convencida de que ese producto era bueno para ellos, pero necesitaba explicarlo. Para ello, redactó un documento explicativo y lo envió por correo electrónico a 300 personas. Le pregunté: "¿Por qué solo a 300 si eran 8.000?". Me contestó que, aunque tenía nombres y direcciones de los 8.000, solo 300 de ellos tenían disponible un correo electrónico. Esto es un hecho real y una prueba de que el público no es accesible aun sabiendo quiénes son.

Si, como en el ejemplo anterior, el público no es accesible, debemos buscar la forma de que sí lo sea. Y es que cuanto más difícil sea el acceso a él, mayor inversión necesitaremos.

CONTENIDOS PARA DIFUNDIR CONTENIDOS

La propuesta de valor se manifiesta como un contenido que hemos preparado en algún formato, ya sea digital o presencial. Sin embargo, la difusión requiere de sus propios contenidos.

Hay dos tipos de contenido que se pueden emplear para difundir una propuesta de valor que, dicho sea de paso, también es contenido:

- *Claims*

  Son las frases que empleamos para difundir la propuesta y que usamos como títulos en las redes sociales, anuncios de publicidad en RRSS o Google, artículos de blog, etc.

  Todos estos *claims* (reclamos) giran en torno a una sola idea de difusión.

  Por ejemplo, para difundir un curso sobre la temática que estás leyendo ahora mismo, la idea principal es "el cliente potencial", y todos los claims de difusión giran en torno a esta idea: "Aprende a atraer nuevos clientes", "Aprende a captar clientes potenciales en tu página web", etc.

- **Contenidos de venta**

  En muchas ocasiones es necesario crear contenido de venta adicional a los *claims*. Por ejemplo, se puede realizar un vídeo introductorio para difundir y promocionar la propuesta de valor. También podemos usar artículos de blog o imágenes de promoción.

  Un ejemplo de esta misma temática son artículos de blog sobre cómo crear una página de captura eficiente o cómo hacer publicidad eficiente en Facebook y Google.

CANALES DE DIFUSIÓN

Una vez que sabes que tu público es accesible, los canales de difusión que puedes emplear son:

- **Redes sociales**

  Da igual si tienes seguidores/fans o si solo te sigue tu familia. **Lo importante es saber si el público para la propuesta de valor está en las RRSS**. Fíjate que digo "público para tu propuesta de valor" y no clientes. Y es que, puede ser que la única forma de llevar nuestra propuesta de valor al cliente potencial sea a través de prescriptores.

  Los seguidores solo te serán útiles si tienen el perfil que buscas. En este capítulo no voy a explicar cómo conseguirlos, porque lleva bastante tiempo y recursos y mi objetivo es enseñarte a captar clientes en períodos cortos.

  En el caso en que no tengamos buenos seguidores y contactos en redes sociales, lo que podemos hacer es invertir en publicidad. Las inversiones publicitarias en las redes no son elevadas. Podemos conseguir visitas por un precio de 0,01 € por clic. La ventaja es que nos permite llegar al público de forma directa y ahorrando mucho tiempo. Además, no vamos a "vender la moto", sino a hacer publicidad de la propuesta de valor, que debe ser gratuita para el público.

  El truco, por tanto, reside en la creación de anuncios. Para su elaboración necesitaremos buenos reclamos e imágenes. Podemos probar varios anuncios en la misma campaña y Facebook se encargará de rotarlos y de decirnos cuál es el que mejor funciona.

Otra opción un poco más laboriosa consiste en crear relaciones con profesionales complementarios que puedan publicar en sus blogs nuestra propuesta de valor porque creen que es buena para su público. Establecer relaciones con estos profesionales no es complicado, pero sí más lento que la publicidad. Necesitas una gran habilidad social por lo que, si no dispones de ella, es mejor que recurras a la publicidad.

- **Difusión a través de Google**
  Tu empresa dedica muchos recursos a hacer SEO, ¿verdad? Pues esto es algo que yo no te lo recomiendo, ya que no vale la pena tanto esfuerzo. La tendencia de Google es posicionar únicamente a las empresas que generen contenido de valor. ¿Y cómo sabe Google que tu contenido es de valor si en realidad es un robot el que lo revisa todo? La forma que tiene de averiguarlo es buscando cuántas veces tus contenidos son compartidos por la gente.

  Además de generar y difundir contenidos de valor para conseguir un buen posicionamiento en Google, este buscador también permite crear campañas publicitarias en él. Su grado de segmentación es menor que en Facebook, pero si el público que has elegido busca cosas como tu propuesta de valor a través de Google, lo mejor es hacer publicidad en este medio. En los anuncios deberás usar los *claims* que hemos definido antes.

- **Difusión a través de un blog**
  Esto solo lo recomiendo a las personas que escriben un blog y son regulares publicando contenidos. Podemos crear un grupo de artículos para promocionar la propuesta de valor y luego difundirlos. Adicionalmente, también podemos realizar publicidad de pago de estos artículos de blog.

  Te estarás preguntando cuál es el mejor método. La respuesta es "depende". Primero, de dónde está tu público y, después, de lo que mejor funcione, invertir en publicidad de pago o generar relaciones. Si quieres rapidez, mi consejo rotundo es usar la publicidad de pago.

Cómo iniciar relaciones comerciales con candidatos de redes sociales

CAPTAR LOS DATOS DE CONTACTO DE LOS VISITANTES A TU WEB

Captar los datos de contacto de los visitantes a tu página web es como generar una base de datos en la que los contactos tienen el perfil de nuestro cliente potencial. Estamos hablando de candidatos cualificados con los que iniciaremos una relación comercial.

El candidato que es captado en nuestra base de datos es una persona que ha recibido nuestra propuesta de valor, ha visitado nuestra página web y luego ha dejado sus datos. Digamos que este candidato está siendo conducido a través de nuestro proceso de venta y se encuentra más o menos en la mitad del camino.

Es importante que sepamos que, en el momento de ser captado, un candidato puede encontrase poco maduro para la compra y, en ese caso, debería continuar con el proceso de maduración.

BIENVENIDA AL VISITANTE

Si usas Google Analytics para hacer seguimiento de las visitas a tu página web, habrás notado que estas no solo se producen en la página de inicio, sino que también las recibes directamente en cualquier contenido de la web.

Nuestro trabajo es conseguir que el visitante llegue a la página de captura que hayamos preparado. Para ello, debemos crear los caminos necesarios y guiar al visitante hasta dicha página.

Veamos algunos posibles caminos:

- **El visitante llega a través de Google a la página de productos y/o servicios de tu empresa.** Aquí lo importante no es que lea al detalle lo que ofreces, sino que dé un paso hacia tu página de captura. Para ello, debes usar un *call-to-action* o "llamada a la acción". Esta invitación puede ser dirigida hacia la página de captura o hacia una página intermedia como, por ejemplo, un artículo del blog (en la próxima lección trataré el tema de cómo escribir contenidos en tu web para favorecer la creación de candidatos).

- **El visitante llega a la página de inicio.** En este caso debemos tener mucho cuidado ya que, aunque suele ser la más visitada, a la vez suele ser la página que más despista o distrae. Esto ocurre porque, por lo general, tiene muchas llamadas a la acción (*call-to-action*) que no le dejan claro al visitante por dónde tiene que ir. Puede que ahora estés pensando que esta no es una buena estrategia cuando se trata de capturar candidatos. Sin embargo, el visitante debe ir por el camino que le lleve a la página de captura, pero sin que se dé cuenta.

- **El visitante llega a nuestro blog**, provocado quizá porque hemos difundido nuestra propuesta de valor con artículos de blog. Lo recomendable es colocar la llamada a la acción dentro del propio artículo, bien por la mitad del contenido o hacia el final. Esta llamada a la acción debe dirigir al visitante hacia la página de captura.
- **El visitante llega directamente a la página de captura**. Ante esta situación debemos tener preparada esta página sin ningún distractor y con cuatro elementos de persuasión:

1. Elementos que generen confianza (clientes, testimonios…)
2. Elementos de urgencia ("solo por unos días", "hasta diez descargas"…)
3. Elementos de metáfora (imágenes que hagan recordar o sentir con facilidad)
4. Elementos de comprensión (resumen breve y al grano)

PÁGINA DE CAPTURA

En términos de ventas, las páginas de captura o *landing page*, son las más importantes de todo el sitio web. De ellas dependerá si iniciamos relaciones comerciales o no con el tráfico que hemos provocado hacia nuestra web.

Si nunca has oído hablar de una página de captura (*landing page*), son como los formularios de contacto que existen en las páginas web, pero con ingredientes de persuasión para conseguir que el cliente deje sus datos y espere que nos pongamos en contacto él.

A continuación, analicemos los elementos de una *landing page* o página de captura:

- En la cabecera, el **logo de la empresa** no debemos quitarlo porque genera confianza. Podríamos optar por ocultar el menú superior para evitar distraer al visitante.
- **El título de la página debe crear interés**. Se trata de la propuesta principal. El visitante hará una evaluación mental rápida para determinar si se trata de algo que le resolverá un problema o no. Para acertar con el título es imprescindible ser muy específico y evitar generalidades.
- Es necesario incluir texto para exponer claramente en frases breves los **beneficios** de dejar los datos en este formulario y deben ser muy directas, específicas y claras.
- **La imagen** es otro de los elementos clave. Los seres humanos entendemos la mayoría de las cosas con metáforas y, si estas se muestran con imágenes, se quedan grabadas en nuestra mente. La imagen debe decir lo mismo que el título. La imagen es parte del mensaje de la propuesta.
- **El formulario donde se piden los datos al visitante** tiene tres elementos importantes. El primero es el **texto de cabecera** en el que se debería incluir un verbo que indique el resultado que obtendrá el visitante: recibirás, conseguirás, mejorarás, aprenderás, accederás, etc. El segundo elemento es sobre los **datos** que se solicitan. Nunca pidas más datos de los necesarios. Si tu intención no es segmentar los candidatos, no pidas más que el nombre y el email. El tercer elemento es el **botón *call-to-action***. Da igual el color que elijas para el botón, solo debe cumplir el requisito de hacer contraste con el fondo que lo soporta. Además, el texto debe decir lo que quieres que haga (inscribirse, solicitar, descargar, etc.).

- En la parte inferior podemos incluir **elementos que generen confianza**. Podríamos usar testimonios de las experiencias de otras personas y logos de empresas con las que hemos trabajado.

Algunas veces es necesario segmentar a los candidatos que van entrando en nuestra base de datos de clientes potenciales. Por ejemplo, puede ser conveniente saber de qué ciudad son, la edad, la profesión o el sector. En ese caso es recomendable añadir campos al formulario. Por supuesto, cuantos más datos pidas, más relevante y de valor debe ser la propuesta.

Lo importante es que **solo en caso de necesitar discriminar o agrupar a los candidatos debes solicitar datos adicionales al nombre y al email**. Mi recomendación es trabajar una página de captura para cada público distinto que tengamos y así evitar el exceso de datos a pedir.

PREPARAR LA PÁGINA WEB PARA EL PROCESO DE VENTAS

Si ya tienes una página web, puede que te sientas orgulloso/a de ella por su diseño y porque te gusta. La verdad es que un sitio web que sirve para generar clientes no tiene por qué gustarnos necesariamente. Tan solo debe proporcionar los contenidos estructurados de tal manera que guíe al visitante hasta la página de captura.

Recordando la lección anterior, es importante saber que el visitante puede entrar a nuestra página web por cualquier página (inicio, servicios, blog, nosotros, etc.), pero debe salir por las páginas que nosotros queremos.

Los visitantes pueden entrar a tu página web por donde quieran, pero deben salir por donde tú quieras.

Otro aspecto importante es el concepto de "distractor". **El visitante no debe distraerse con nada que no le conduzca hacia las páginas de captura.** Si has estado en alguna tienda de IKEA, entenderás el concepto de guiar a la gente por donde el negocio quiere.

LOS CAMINOS

Para conseguir que los visitantes sigan el camino que nosotros queremos en nuestra página web, debemos lograr que tomen decisiones solo entre opciones que conduzcan hacia las páginas de captura. Me refiero a que si, por ejemplo, el visitante está en la página de servicios, debemos dar salidas claras hacia alguna página de captura o hacia una página intermedia, porque si no lo hacemos así, volverá a usar el menú superior y, por tanto, retrocederá al inicio del camino.

Es imprescindible que las páginas web de las empresas tengan implantados caminos para conseguir que los visitantes se identifiquen. Es la única manera de ser eficientes en la generación de clientes con la página web. Hoy en día la mayoría de las páginas web se visitan desde dispositivos móviles, la navegación se torna imposible porque las personas tienen déficit de atención cuando están con sus móviles. Existen muchos distractores en los móviles que contribuyen a este hecho (Whatsapp, Facebook, email, etc.).

ELEMENTOS DE ESTRUCTURA Y DISEÑO

A continuación, compartiré contigo los elementos de diseño y estructura que debes tener en cuenta.

- **Enlaces dormidos:** Los enlaces que no queremos que pinchen debemos ponerlos en un color que no resalte.

Algunas páginas web utilizan el color gris cuando no quieren que un elemento de la web tenga protagonismo. Lo recomendable es elegir el color más débil de la paleta de colores de la imagen corporativa de cada empresa.

- **El fondo de las páginas**: Lo que mejor funciona son los fondos muy claros para que los botones e imágenes que llaman a la acción destaquen mucho.
- **Los textos de descripciones**: Todos los textos deben ser muy breves. Te aseguro que las personas no leemos los contenidos extensos en Internet y que nos causa frustración encontrar textos largos ya que, al no leerlos, sentimos que nos hemos dejado cosas importantes. La brevedad ahorra tiempo y hace más rápido el camino del visitante hacia la página de captura. Este es nuestro objetivo. Sobre todo porque cada día incrementan las visitas a las páginas web a través de dispositivos móviles.
- **Los símbolos de redes sociales**: Puede que pienses que es muy importante que los visitantes sepan que tienes redes sociales y, por eso, pones muy visibles los símbolos de Facebook, Twitter, Instagram, etc. No obstante, son los distractores más potentes. Cuando un visitante pinche en el enlace de Facebook se irá de tu página y lo más seguro es que no regrese.
- **El blog**: Si lo tienes, debes poner enlaces hacia las páginas de captura en cada artículo o publicación.
- **Dispositivos móviles**. El 70 % de las visitas de las páginas web se realizan a través del móvil o tabletas. Tu sitio web y páginas de captura tienen que estar preparados para estos dispositivos. Los textos deben ser los adecuados para usuarios que se distraen mucho con otras aplicaciones de dichos dispositivos móviles.

RECOMENDACIONES PARA ENCARGAR
EL DESARROLLO DE TU PÁGINA WEB

Si estás pensando en desarrollar tu página web, es indispensable que antes de que lo dejes en manos de un diseñador definas los caminos de tu proceso comercial por donde pasarán tus clientes potenciales. Lo más seguro es que el diseñador no sepa hacer esto y, por tanto, lo debes estructurar tú para no tener problemas cuando la página ya esté terminada.

Por otro lado, no dejes que el diseñador se luzca. Emplea las recomendaciones de estructura y diseño que hemos comentado en la sección anterior.

Recuerda que los visitantes llegarán gracias a tu propuesta de valor y estrategia de difusión, por lo que sabrás cuál es el perfil del visitante. Elige por tanto los textos según ese perfil.

En resumen, lo más importante es que formules el proceso de venta de tu producto antes de desarrollar tu web, páginas de captura y contenidos de la propuesta de valor.

Cómo madurar y convertir candidatos conseguidos en redes sociales

¿POR QUÉ DEBES MADURAR
A TUS CLIENTES POTENCIALES?

El público que se ha identificado a través de tus páginas de captación no está listo para comprar tus productos o servicios. En otras palabras, no está lo suficientemente educado con respecto a las soluciones que brindas. Recuerda que ellos no buscaban productos como los tuyos. Simplemente, se han visto atraídos por la utilidad o ayuda que les ofreciste. Si intentas hacerles una propuesta de venta en este momento, lo más seguro es que la rechacen o ignoren. Este es el motivo por el que **es necesario hacerles pasar por un proceso de educación o maduración para tenerlos más predispuestos a hacer negocios contigo.**

El público que has captado suele rechazar ofertas comerciales por dos motivos. El primero es que no detecta la suficiente utilidad de tu producto y el segundo es porque no confía lo suficiente en ti o en tu empresa. Esto es lo que debemos trabajar en el proceso de maduración: **debemos conseguir que el cliente desee el producto y que, además, confíe en nosotros.** La intención de compra es la suma del deseo de un producto y la confianza sobre el proveedor. Cuando un visitante de tu página web pasa a ser parte de tus clientes potenciales, lleva una intención de compra muy baja. Por lo tanto, necesita pasar por un proceso de educación o maduración para incrementar dicha intención de compra al nivel necesario para demandar tus productos o servicios. El deseo de compra requiere entendimiento del problema que debemos resolver y motivos o criterios para obtener la solución cuanto antes.

La fórmula para incrementar la intención de compra es «deseo sobre el producto + confianza sobre el proveedor».

Cuando nos explican que una página web debería ser capaz de generar clientes potenciales de forma constante, entendemos que es posible incluir la página web en nuestro proceso comercial. Si además nos dejan claro que cada día que pasa estamos perdiendo la oportunidad de interactuar con muchos clientes, es entonces cuando tenemos motivos para acelerar el cambio.

DEL PROCESO DE CAPTACIÓN AL PROCESO DE MADURACIÓN DE CLIENTES POTENCIALES

La captación y la maduración de clientes potenciales son, respectivamente, la segunda y la tercera etapa del proceso de ventas usando redes sociales. **En el proceso de captación ofrecemos una ayuda al público y en la fase de maduración continuamos compartiendo nuevas ayudas.** Todas ellas deben estar asociadas a los problemas del perfil del público con el que nos comunicamos.

El contenido que utilizamos en **el proceso de maduración debe ser también muy útil para crear confianza** y, al mismo tiempo, **debe facultar al cliente potencial del entendimiento necesario para desear productos y servicios como los nuestros.**

Veamos un ejemplo. Cuando un bufé de abogados ofrece contenidos sobre las normativas para la venta de productos online, seguro que consigue atraer y captar mucho público. Para continuar con la educación del cliente será necesario preparar contenido que siga siendo útil como, por ejemplo, la normativa en la logística online y en las responsabilidades de los vendedores.

CÓMO APLICAR ELEMENTOS DE PERSUASIÓN EN NUESTROS CONTENIDOS

Existen dos formas de conseguir que nuestro público entienda nuestro mensaje con eficiencia. Me refiero a **las técnicas del "¿por qué?" y el "¿cómo?"**, que se pueden utilizar también en esta etapa del proceso de maduración.

Las empresas quieren que su público valore sus productos y para conseguirlo es necesario que se entienda de forma clara cómo sus productos solucionan el problema y, sobre todo, que esto coincida con el público que sufre dicho problema. Veamos un ejemplo para aclarar el punto anterior:

Cuando una empresa dice que se dedica a vender juguetes, está convencida de que su explicación es clara y, sin embargo, no existe un público que sufra el problema de "encontrar juguetes", ya que existen muchos lugares donde conseguirlos. Pasará lo mismo si decimos que nuestros productos son variados, que ofrecemos un servicio personalizado y con mucha calidad.

Ahora veamos un ejemplo donde existe una maduración eficiente:

Una empresa que se dedica a imprimir y vender libros para autores que hacen autopublicaciones necesita que su público entienda el valor de su servicio. Sus contenidos de maduración están enfocados a enseñar a cualquier persona a escribir un libro sobre cualquier temática y a mostrarle que es posible vender dicho libro. Todo el contenido de maduración está centrado en facilitar el proceso de publicación de un libro para que las personas que no se ven capaces de hacerlo entiendan que es posible ilusionarse con la publicación de su propio libro y que, además, es rentable.

En este ejemplo se consigue crear deseo y la ayuda que se ofrece al público genera confianza. En el contenido de maduración se utiliza el método del "¿cómo?", porque enseñan al público a crear sus propios manuscritos. Por otro lado, también usan el método del "¿por qué?" con contenido que revela que es posible vender libros sin que haya una editorial de por medio.

ESTRATEGIA DE MADURACIÓN DEL PÚBLICO CAPTADO

Para plantear una estrategia de maduración debes elegir un método de persuasión, que puede ser "de descubrimiento" o "de formación". Podrás usar el **método de descubrimiento** cuando tu producto, el problema que resuelves o la solución que ofreces necesitan un grado de explicación alto. Por ejemplo, los servicios de *coaching*. Por otro lado, podrás usar el **método de la formación** cuando el cliente necesite instrucción para darse cuenta de que necesita tu producto. Es el caso de las herramientas de bricolaje.

- **Ejemplo con el método de descubrimiento:** *Una empresa de formación sobre el desarrollo de las inteligencias múltiples en los niños con actividades que son trabajadas en los colegios necesita que los padres comprendan la importancia del desarrollo de estas inteligencias, porque se trata de un tema bastante desconocido. Si el cliente (los padres) no comprende la problemática e importancia de este tema, será complicado vender el producto. En este caso es necesario hacer una maduración del tipo descubrimiento para hacer visible este problema poco evidente.*
- **Ejemplo utilizando el método de formación:** *Una madre primeriza tiene poca experiencia en los cuidados de su hijo y, por lo tanto, las empresas que ofrecen productos para aseo o alimentación de bebés necesitan hacer una maduración en la que formen o eduquen a las madres sobre la forma adecuada de asear o alimentar a sus bebés.*

Una vez escogido el método de maduración debes elegir el tipo de secuencia de maduración: corta o de largo plazo. **La maduración con secuencias cortas** se emplea cuando queremos trabajar la venta de productos o servicios sin repetición de compra. Es el caso de la venta de entradas para un congreso o para un concierto. Por otra parte, las **secuencias de maduración de largo plazo** se usan para productos o servicios con los que es posible la repetición de compra como, por ejemplo, ropa, alimentos, productos de aseo, etc.

- **Ejemplo de maduración con secuencias cortas:** *Una empresa de eventos quiere lanzar un congreso de innovación y necesita vender entradas. Suponiendo que ha trabajado bien los pasos de atracción y captación de clientes potenciales, ahora debe madurar a este público. Vamos a elegir el método del descubrimiento porque necesitamos que los posibles asistentes comprendan el valor que recibirán al participar en el congreso y, además, vamos a elegir la maduración de secuencia corta porque se van a vender entradas y no es necesaria la repetición de compra. En la maduración de secuencia corta debemos preparar un número de contenidos que vamos a enviar a los clientes potenciales de forma periódica a través de correo electrónico, para asegurar que se entienda el valor de la participación y generar deseo de compra.*
- **Ejemplo de maduración con secuencias largas:** *Una empresa envía a sus clientes potenciales (mamás) revistas sobre el cuidado de sus hijos, y lo hace cada mes, desde el nacimiento hasta los tres años del niño. La información que envía trata sobre el cuidado del niño durante en el primer mes, el segundo, tercero... y así hasta el trigésimo sexto mes. En este caso, la empresa ha elegido el método de maduración de formación y la secuencia larga para fomentar la repetición de compra del cliente. El contenido se envía cada mes en formato impreso, lo que refleja que los contenidos de maduración no siempre tienen que ofrecerse en formato digital.*

En resumen, para crear la estrategia de maduración de tu producto o servicio debes elegir primero el método de maduración (descubrimiento o formación) y después el tipo de secuencia de maduración (secuencia corta o secuencia larga).

CREACIÓN DEL PROCESO DE MADURACIÓN DE CLIENTES

El proceso de maduración se realiza mediante la distribución del contenido, normalmente a través de correos electrónicos, pero también de correos postales tal y como hemos visto en el ejemplo de las revistas de bebés. También es muy usual hacer los **envíos de forma automatizada**. Si es en formato digital, los contenidos se pueden dejar programados para que se envíen de forma automática y, si es en formato físico, también se puede pactar con la empresa de envíos para que lo haga periódicamente.

Los contenidos para la maduración de secuencias cortas se suelen crear previos al inicio de los envíos y los contenidos para maduración en secuencias largas se suelen crear de forma periódica para adaptar cada contenido al momento en que se envía.

Para implantar el proceso de maduración, además de decidir el formato de los contenidos y la forma de prepararlos, es necesario elegir el número de envíos y su periodicidad. En secuencias cortas el número de envíos será el necesario para transmitir lo que hace falta para valorar el producto o servicio. La periodicidad debería ser muy corta, puesto que intentamos rematar el proceso de maduración en un período corto, para que no se enfríe el deseo que se está generando. Por otro lado, en la maduración con secuencia larga, el número de envíos estará sujeto al ciclo de vida del cliente.

Por ejemplo, en el caso de las madres que reciben revistas sobre el cuidado de sus hijos durante tres años, el período lo determinan los productos que solo son para niños menores de tres años. Por otro lado, la periodicidad la determina el tiempo en que se sabe que el cliente necesitará nuevamente los productos o servicios. En el caso de las revistas sobre bebés, se determinó que cada mes el niño requiere de nuevos cuidados y nuevos productos.

Veamos otro ejemplo de maduración con secuencia larga en el que el ciclo de vida del cliente sea indeterminado, como es el caso de una marca de zapatos para mujer, que envía contenidos sobre cómo combinar los zapatos según la personalidad de cada persona. Aquí el envío de contenidos no tendrá una fecha de inicio y los clientes potenciales que han aceptado esta propuesta esperan recibir esta información periódicamente sin fecha de finalización.

Tres razones por las que es importante automatizar el proceso de maduración de clientes

1. Al automatizar el proceso de maduración, el proceso de ventas va a funcionar los 365 días del año, las 24 horas del día y los 7 días de la semana. Todos queremos un proceso de ventas que funcione mientras dormimos, los sábados, los domingos y cuando estamos de vacaciones. **El público potencial** que genere los procesos de atracción y captación **seguirá la secuencia de maduración independientemente de que tú estés disponible o no.**

2. La segunda razón es el **ahorro en el coste de adquisición del cliente.** Los procesos de ventas usando contenidos generan muchos clientes potenciales y no todos se convierten en clientes finales. Si tuviéramos que reunirnos

o dedicar tiempo a cada uno de los clientes potenciales desde el primer contacto, el coste de adquisición de nuevos clientes sería muy alto. Al automatizar el proceso, este se hace más eficiente y el coste de adquisición de clientes se reduce.

3. **Podemos lanzar acciones de persuasión durante el proceso de maduración**. No siempre es necesario que termine todo el proceso para que hagamos una oferta al público potencial, ya que muchas personas se ven persuadidas antes de que este finalice. Tenemos que detectarlas y, para ello, debemos provocar algunas acciones empleando enlaces que, al ser usados, revelarán el interés de algunos clientes potenciales, lo que nos permitirá cerrar ventas de forma temprana.

CREACIÓN DEL CONTENIDO DE MADURACIÓN
Al igual que el contenido de atracción, en el desarrollo del contenido de maduración debes tener en cuenta la forma y el fondo.

En cuanto a la forma, es necesario que el contenido sea muy breve y que no incluya enlaces, a menos que sirvan para detectar si el cliente potencial tiene interés de compra temprana.

Respecto al fondo del contenido de maduración, debemos cuidar mucho el mensaje. Si vamos a enviar contenido a través de correo electrónico, deberíamos lanzar solo un mensaje en cada contenido. Ya sabemos que el público hace microconsumo del contenido digital y, por ese motivo, lo mejor es reducir el número de mensajes a su mínima expresión en cada envío.

Si tu proceso de maduración tiene una secuencia corta, lo que debes hacer es elegir los mensajes clave necesarios para persuadir al cliente potencial y generar un contenido por cada uno de ellos. Por otro lado, para procesos de maduración con secuencia larga, lo mejor es escoger el mensaje más adecuado en cada envío.

HERRAMIENTAS PARA AUTOMATIZAR EL PROCESO DE MADURACIÓN DE CLIENTES

Existen varias herramientas para trabajar el proceso de maduración. Es el caso de las empresas de envío de *mailing* como **Mailchimp** e **Icontac**, que permiten programar y enviar correos electrónicos. Son herramientas básicas que recomiendo para empezar. Ambas disponen de versiones gratuitas y de pago. Con ellas podrás medir la eficiencia de la secuencia de envío de contenidos de maduración, conocer el número de aperturas, el número de clics en los enlaces dentro del contenido y saber cuánto abandono hay en esas listas a las que envías tus contenidos.

Otras herramientas más eficientes que permiten hacer seguimiento y etiquetar a las personas que van interactuando con el contenido son **Hubspot** y **Salesforce**. Aunque ambas son de pago, si tu negocio puede permitírselo, te recomiendo que las uses. En Internet puedes encontrar las características detalladas de cada una de ellas.

Por otra parte, existen otro tipo de herramientas para automatizar el proceso de maduración e, incluso, automatizar diferentes caminos para los clientes potenciales que detectemos que tienen mayor intención de compra. Me refiero a **Converkit** y **Route**. Ambas permiten realizar la automatización de envíos y están preparadas para identificar o marcar con etiquetas al público, de acuerdo con el comportamiento que realice sobre el contenido de maduración.

Capítulo 5
Cómo vender usando LinkedIn

Todos los vendedores que han oído que en LinkedIn es posible comunicarse con cualquier profesional creen que han terminado las épocas en que tenían que escribir a un email que comenzaba por "info@" con la esperanza de que la información llegase al que tomaba las decisiones. También creen que ya no es necesario llamar por teléfono a las empresas y persuadir al que coge la llamada para que les comunique con un responsable de la compañía. Con más de 400 millones de profesionales en esta red social, claro que es muy tentador pensar de esta manera, pero **¿realmente es tan fácil comunicarnos con otro profesional en** LinkedIn, sin ser rechazados?

Existen dos barreras que deben superar los vendedores si quieren disfrutar del potencial que brinda LinkedIn: la primera es "no ser rechazados" y la segunda, "no tener que insistir". Si ya has usado LinkedIn con fines comerciales y has probado a enviar mensajes a algunos posibles clientes, lo más probable es que ya hayas comenzado a experimentar el rechazo. Y en los casos en los que hayas obtenido respuestas, seguro que has experimentando la sensación de tener que insistir para conseguir una reunión o para que vean la información de tus productos. La buena noticia es que sí **existe un método para conseguir clientes en** LinkedIn sin ser rechazado y sin insistir. Se llama Social Selling.

*Existe un método para conseguir clientes en LinkedIn
sin ser rechazado y sin insistir. Se llama Social Selling.*

El Social Selling es la habilidad de vender en entornos sociales y, para desarrollarla, debes comprender esta premisa: «No es posible vender a un desconocido". La venta es un proceso y, como tal, no puedes evadir ninguna etapa. A los desconocidos debemos convertirlos en conocidos, después, a los conocidos podremos convertirlos en clientes y, finalmente, a los clientes debemos convertirlos en vendedores. Este es el camino. No obvies ninguno de estos pasos y verás cómo las ventas fluyen.

Si ahora mismo pruebas a escribir un mensaje a través de LinkedIn a un posible cliente que no conozcas, lo que sucederá con una probabilidad muy alta es que no recibas respuesta o que, si la obtienes, se trate de una contestación muy diplomática pero con poco interés. Esto sucede porque LinkedIn es un entorno social y enviando un mensaje de esta manera, estaremos intentando venderle a un desconocido y, por tanto, nos habremos saltado una etapa del proceso de ventas.

Por lo tanto, **para no ser rechazado en LinkedIn debes convertir a desconocidos en conocidos**. Para ello, enfoca tus mensajes de contacto para conectar con tus candidatos sin intentar venderles nada. Todos los seres humanos tenemos activado el detector de vendedores y, en cuanto notamos que un desconocido intenta vendernos algo, inmediatamente comienza el proceso de rechazo.

Cuando hayas conseguido convertir a desconocidos en conocidos debes avanzar al siguiente nivel de tu proceso comercial y obtener una reunión sin insistir. La mejor manera de lograrlo es consiguiendo que esa persona quiera hacerlo sin que se lo pidamos.

Existen otros elementos que también se deben cumplir en LinkedIn para obtener resultados: el perfil debe mostrarte útil, tu red de contactos debe haberse creado para ayudar a tu labor comercial y debes generar un buen contenido. Una manera de hacerlo es mediante la publicación de artículos sobre un tema determinado, lo que otorga mucha autoridad.

Para conseguir reuniones de venta con nuevos clientes usando LinkedIn tienes que seguir estos tres pasos:

1. **Conectar con nuevos clientes sin ser rechazado**. Muestra interés genuino por lo que hace esa persona o profesional.
2. **Conseguir que valoren o entiendan tu producto o servicio**. Si sucede lo contrario, se debe a que no has creado asociaciones favorables sobre tus productos o servicios antes de solicitar una reunión.
3. **Lograr que se interesen por tu producto o servicio sin que seas tú el que lo pidas**. ¿Siempre eres tú el que solicita la reunión comercial? Si quieres incrementar la probabilidad de cierre de la venta, debes conseguir que sea el cliente el que demande la reunión.

Para superar estas barreras debes trabajar los siguientes seis **elementos**:

- **El proceso**: los pasos de la venta y persuasión en LinkedIn.

- **El perfil**: cómo dejar claro en qué eres útil.
- **La red de contactos**: cómo conseguir influencia.
- **Los mensajes**: cómo explicar lo que vendes.
- **La persuasión**: cómo persuadir a tus candidatos.
- **Los grupos**: cómo participar y ejercer influencia.

El proceso de ventas en LinkedIn

EL PROCESO DE COMPRA DE LAS PERSONAS A TRAVÉS DE LINKEDIN

Como he comentado anteriormente, las personas siempre quieren comprar, pero el proceso de compra que siguen actualmente es muy diferente al que les obligábamos a mantener cuando no disponían de información y tampoco podían saber lo que opinaban otras personas sobre un determinado producto o servicio.

El proceso de compra que debemos entender para vender en un entorno social como LinkedIn es el siguiente:

- Confianza
- Conveniencia
- Urgencia
- Recomendación

- **Confianza**

  Para ayudar a un nuevo cliente necesitamos su atención. Esto es imposible de conseguir cuando abordamos a un candidato en LinkedIn y le explicamos nuestro servicio en el primer contacto, ya que en ese mismo momento el cliente activa un mecanismo de defensa inconsciente contra vendedores. Da igual lo que le digamos en ese primer contacto, él solo estará pensando en cómo librarse de ti.

Usando LinkedIn podemos conectar generando confianza desde el principio. En las siguientes lecciones veremos cómo varios elementos trabajan en conjunto para conseguir esto. Verás cómo el perfil, la red de contactos, la forma de contactar por primera vez, el mensaje y la forma de persuadir lograrán que tu acercamiento a un desconocido sea más natural y que te vean como un asesor.

- **Conveniencia**

Las personas solo se interesan por un producto o servicio cuando lo ven conveniente para ellas, pero ¿qué significa esto? Nada menos que percibir que les quitará una piedra del zapato o les aliviará un picor.

LinkedIn nos permite crear esa conveniencia en la mente del candidato mucho antes de que se interese por solucionar el problema al que le ayudaría nuestro producto o servicio. En la lección sobre "Los mensajes, cómo explicar lo que vendes" verás que es posible crear conveniencia sin hablar directamente de nuestros productos.

- **Urgencia**

Es en esta etapa en la que debemos mostrar nuestras habilidades de persuasión. En este momento del proceso, el candidato ya es consciente de que puede solucionar un problema latente o satisfacer una necesidad, sin embargo, lo intenta aplazar. Entonces debemos persuadir para generar el deseo y acelerar el momento de compra.

En LinkedIn podemos trabajar esto de forma natural, puesto que en esta etapa el cliente ya ha decidido quién será su proveedor. Lo único que todavía no tiene claro es el momento de la compra. Veremos cómo hacerlo en la lección sobre la persuasión.

- **La recomendación**
En esta fase el vendedor puede encontrarse con un candidato que ya se ha convertido en cliente o que aún no lo ha hecho. Que las personas estén dispuestas a recomendarnos en LinkedIn dependerá del grado de influencia que desarrollemos.

Se consiguen recomendaciones en LinkedIn cuando nuestra red nos ayuda a transmitir el mensaje que crea asociaciones favorables hacia nuestro producto o servicio.

EL PROCESO DE VENTA EN LINKEDIN

El proceso de venta en LinkedIn se basa en el enfoque "Social Selling" y, por las características de esta red social profesional, los elementos clave que debemos trabajar son:

- **El perfil profesional**: ¿cómo dejar claro en qué eres útil?
- **Los contenidos o mensajes**: ¿cómo explicar lo que vendes?
- **La red de contactos**: ¿cómo pedir y conseguir ayuda?
- **La persuasión**: ¿cómo persuadir a tus clientes potenciales?
- **Los grupos**: ¿cómo participar en grupos y generar influencia?

Cada uno de estos elementos clave se aborda con detalle en las cinco lecciones siguientes pero, de momento, es necesario que comprendas que **la venta es un acto de influencia sobre la decisión de compra del cliente**. Desde esta perspectiva, los cinco elementos que trabajaremos en

LinkedIn actúan para recuperar la posición de influencia de tu empresa y de tus vendedores.

¿Qué necesitas trabajar antes de comenzar con los cinco elementos de LinkedIn?

En primer lugar **debes definir a tu público de forma detallada**. ¿Crees que puedes expresar cómo es el cliente que buscas con solo decir el nombre de una persona que conoces? ¿Serías capaz de explicar cómo es tu cliente sin generalizar y afirmar que son todos los profesionales del mundo? Si no puedes hacerlo, debes solucionarlo antes de comenzar con el proceso de ventas en LinkedIn.

Para conseguir definir el perfil de tu cliente te explicaré un método que me ha dado buenos resultados:

1°. Define el rol que desempeña tu cliente y que a ti te interese (profesional de…, padre, esposo, estudiante, emprendedor, etc.).
2°. Detalla sus aspiraciones u objetivos en donde tu servicio ayuda a conseguirlos.
3°. Determina qué es lo que le impide alcanzar dichas aspiraciones y objetivos. Si son barreras mentales, prejuicios o experiencias mucho mejor.

LinkedIn necesita que puedas decir lo que vendes en una sola frase que provoque interés. Si esto es complicado de hacer con tu producto o servicio, es recomendable que uses una metáfora. Es el caso de los productores que vendieron la película *Alien*. Cuando se les pidió que explicaran de forma breve la trama, ellos respondieron: "*Alien* es *Tiburón* en el espacio". Por lo tanto, busca una metáfora que explique lo que vendes y añádele un elemento que genere un picor o molestia. Este fue el caso de Domino's Pizza, que se convirtió en lo que es gracias a su frase "30 minutos o es gratis".

En este capítulo te propongo una serie de ejercicios. Si tienes dudas puedes escribirme, pero intenta formular preguntas muy específicas para ayudarte con mayor certeza.

EJERCICIO N°1

1. **Describe el público al que le quieres vender tu producto o servicio.** No vale decir "todas las empresas" o "todos los profesionales". Tienes que identificar qué rol desempeña, cuáles son sus aspiraciones u objetivos y qué es lo que le impide alcanzarlos. Recuerda que tu producto o servicio debe ayudar a alcanzar esas aspiraciones y objetivos.

2. **Intenta explicar lo que vendes en una sola frase y que no te cuesta más de tres segundos.** Escríbelo en un papel e identifica si es claro, novedoso y si despierta un picor. Practícalo con alguna persona que conozcas hasta que consigas que su respuesta sea: "Y eso, ¿cómo lo haces? Explícame más".

3. **Escribe una lista de al menos quince beneficios fundamentales de tu producto o servicio.** Ignora todo aquello que el cliente no pueda probar como, por ejemplo, el número de años de experiencia, la calidad de tu trabajo, etc.

4. Finalmente, **elige los cinco puntos más determinantes o importantes** de la lista de quince puntos y ponlos en el orden en que deberían ser explicados para que justifiquen o sirvan como argumentos para la frase que has creado en el punto 2.

Cuando termines de trabajar estos cuatro puntos, estarás preparado para continuar con el proceso de venta usando LinkedIn.

Cómo vender tu perfil

EL PERFIL

Nadie nos ha enseñado a crear un perfil de LinkedIn y todos intuimos que la mejor manera de hacerlo es completando la información como si se tratara de nuestro *curriculum vitae*. Pero lo cierto es que la perspectiva es muy diferente. El perfil en LinkedIn es una herramienta que te ayudará a demostrar si realmente eres útil en algo específico para un cliente.

Como ves, aun cuando estás buscando trabajo en LinkedIn, lo que realmente estás persiguiendo es un cliente. Y es que, para ser un profesional competitivo **siempre debes ver a tu empleador como si fuera un cliente.**

El perfil, la red de contactos, los contenidos, los grupos y la forma en que participamos en esta red profesional son elementos que trabajan de forma conjunta y coordinada en la creación de una marca personal o de empresa. Por lo tanto, tu perfil en LinkedIn no es un elemento aislado que trabaje solo, sino que necesita de los otros elementos.

Las personas cuya única actuación en LinkedIn ha sido la de crear su perfil llegan a pensar que esta red social no sirve para conseguir clientes y, mucho menos, para conseguir trabajo. Esto es así porque nadie se ha puesto en contacto con ellos en todo el tiempo que han estado en esta red social. Y es que para conseguir de verdad resultados en LinkedIn, debemos realizar más actuaciones como, por ejemplo, **crear nuestra red de contactos, publicar contenidos y definir la forma en que vamos a participar.**

Cada una de las secciones de tu perfil debe dejar claro que eres capaz de resolver un problema específico para un cliente determinado. Por ejemplo, cuando una persona muestra en su perfil que es un profesional del márketing y que tiene quince años de experiencia en este campo, no deja claro en qué es realmente útil y deja esa tarea a los que visitan su página.

A continuación, comentaré cada una de las secciones del perfil en LinkedIn, pero antes quisiera que mantengas en tu mente que **en tu perfil debes mostrarte útil y no importante.**

- **El título o descripción profesional**
  Este acompaña a tu nombre cada vez que se muestra el resumen de tu perfil. Por este motivo, es uno de los elementos más importantes, porque **debe convencer en tres segundos al visitante para que lea tu perfil.**

  La frase que resume tu producto o servicio y que trabajaste en la lección anterior te ayudará en esta tarea.

  Las personas que buscan trabajo suelen cometer el error de escribir "En búsqueda activa de empleo". Esto supone desperdiciar el primer impacto, ya las empresas no contratan a gente que está en búsqueda activa de empleo, sino a personas que perciben que les pueden ayudar. El título que uses no debería mencionar tu profesión o tu puesto de trabajo, sino decir clara y persuasivamente en qué eres útil.

  Revisa el título que tienes en tu perfil de LinkedIn y, si no vende de forma muy clara lo que puedes hacer por tu cliente, edítalo cuanto antes.

- **El resumen profesional**

  Este debería tener contenido y ser breve. No se necesita mucho texto para explicar qué harías por el cliente que estás buscando.

  Muchos resúmenes intentan ser originales o divertidos. Si haces esto, no estarás enfocando tu perfil en la venta del mismo y no estarás ayudando al posible cliente a interesarse por lo que haces.

  No es recomendable que incluyas datos sobre tu personalidad en este resumen, ni tampoco tus aficiones. A un nuevo visitante a tu perfil no le interesa tu personalidad o tu vida, o al menos no hagas que sea eso lo que le deba interesar. **Lo realmente importante para él es saber de forma rápida y breve si podrás ayudarle a resolver alguno de sus problemas.**

  Veamos a continuación un ejemplo de mi propio resumen:

  Durante veinte años mi pasión ha sido entender cómo toma decisiones la mente de las personas. Esto me ha servido para ayudar a muchos profesionales a desbloquear sus procesos comerciales y llevar sus ventas a un nivel de resultados muy alto.

  He tenido la suerte de ayudar a empresas de diferentes países a través de mis seminarios, conferencias, cursos y entrenamientos personalizados. Tengo especial interés en ayudar a propietarios de empresas y emprendedores.

  Cómo puedo ayudarte según tu perfil:

  - *RESPONSABLES DE VENTAS - ¿Tú o tu equipo comercial tenéis problemas para conectar con nuevos clientes? Puedo entrenarte a ti o a tu equipo con técnicas de neuroventas, Social Selling, utilizando contenidos y LinkedIn, para conseguir nuevos clientes potenciales de forma inmediata.*

- *EMPRESAS - ¿Te interesa atraer y captar al público que luego desarrollará tu negocio convirtiéndose en clientes de tu empresa? Si es así, te puedo ayudar a implantar un proceso para atraer, captar público para cada uno de tus servicios o productos para posteriormente convertirlos en clientes finales.*

- *PROFESIONALES & EMPRENDEDORES - ¿Quieres desarrollar tu marca personal mostrando autoridad en un tema determinado? Puedo ayudarte a conseguirlo con un asesoramiento personalizado, una sesión por semana durante doce semanas.*

- *CONFERENCIAS Y FORMACIÓN - ¿Quieres que participe en tu evento, impartiendo una conferencia o taller sobre Social Selling, neuroventas, márketing de contenidos o emprendimiento? Tan solo escríbeme un mensaje.*

Si estás interesado en generar nuevos clientes utilizando Social Selling, neuroventas y márketing de contenidos, escríbeme.

- **Las experiencias**
Puede que tengas experiencias de trabajo en diferentes actividades económicas, pero **en cada una debes incluir una breve explicación orientada a tu actividad actual.** Piensa en lo que has aprendido en aquellas empresas en que trabajaste antes y que te sirven ahora en el nuevo enfoque profesional que tienes y redacta el

mensaje de tal manera que apoye al título y resumen que has escrito.

No es necesario añadir presentaciones o vídeos, pero si los tienes y refuerzan tu mensaje, incluye estos en cada experiencia de trabajo.

Por ejemplo, si actualmente te dedicas al márketing y años atrás trabajaste como programador informático, en el resumen de esta experiencia podrías contar la forma en que trabajaba sus procesos de márketing dicha empresa, o al menos lo más relevante.

Si tienes algunas experiencias laborales que son muy diferentes a lo que te dedicas ahora y no crees que hayas aprendido nada que te sirva hoy, te recomiendo que las elimines del perfil.

Muchas personas piensan que es mejor tener el máximo número de experiencias laborales. En cambio, eso denota que has sido muy voluble en tu vida laboral y, además, pocas personas leerán todo el contenido. Por lo tanto, **es mejor mostrar únicamente lo que ayudará al visitante a entender tu utilidad.**

- **La formación y las habilidades**
  Debes usar las mismas recomendaciones que en la definición de la experiencia laboral. **Tan solo considera la formación que aporta o valida la actividad a la que te dedicas hoy en día** y, si esta formación fuera muy diferente, tendrías que comentar en el resumen tan solo la parte que aplicas en tu nueva actividad.

El apartado más valioso sobre tus habilidades no es la formación en sí, sino las destrezas validadas por otros profesionales. **Debes elegir bien las capacidades en las que quieres ser valorado** y dejarlas disponibles para que otros visitantes las validen. Así, tu perfil mostrará una prueba social sobre tus aptitudes y tu utilidad.

- **El contenido que vende a tu perfil**
En la lección sobre el mensaje que utilizas para explicar lo que vendes se explica el tipo de contenido que deberías generar en LinkedIn y con qué formato. En el perfil profesional se muestran, de forma automática, los últimos contenidos que has compartido, lo que **genera autoridad y hace que el público te perciba como un especialista en tu sector o actividad.**

  Los contenidos que generes se mostrarán en la parte superior de tu perfil. Son un complemento muy potente que certifica que tu resumen profesional es verdadero. Se trata de una prueba funcional que actúa como elemento de persuasión para el visitante a tu perfil.

- **Los grupos**
En otra lección explicaré la importancia de participar en los grupos de LinkedIn y cómo hacerlo. De momento, es necesario que sepas que los grupos en que participas se muestran de forma automática en tu perfil y que, por esta razón, **debe tratarse de grupos que refuercen el mensaje de lo que vendes.**

  Trata de inscribirte a grupos de la misma actividad económica a la que te dedicas actualmente o, al menos, que sean afines o complementarios.

- **Las fotos de tu perfil**
Hay muchas opiniones sobre este tema. Lo que yo te recomiendo en términos de venta es que incluyas una foto de perfil que sea clara y que no distraiga. No se trata de vender la imagen tuya directamente sino, más bien, tu utilidad.

  Una foto que no distrae es una que parece muy normal, que no se excede en formalidades ni tampoco en informalidades. Sí que es necesario que se vea la cara de la persona y si puede ser con una sonrisa, mucho mejor.

Sobre la imagen de fondo, es aconsejable poner una imagen que describa lo que haces y, si no se puede ser descriptivo, al menos que sea una metáfora de lo que realizas.

EJERCICIO N° 2

1. **Escribe el título de tu perfil** (justo debajo de tu nombre) de tal forma que cuando un visitante lo lea tenga claro en qué puedes serle útil.
2. **Escribe tu resumen.** Sé breve y, sobre todo, explica en qué puedes ayudar a tu público. Si tienes varios, sepáralos en párrafos con títulos para dejar claro cómo puedes ayudar a cada uno de ellos.
3. **Escribe tu(s) experiencia(s)** de forma que refuerce(n) lo que dices en tu resumen.
4. **Crea las etiquetas con las habilidades por las que quieres que se te relacione.** Da igual si al principio no tienes valoraciones, pero pon estas etiquetas arriba para que los visitantes puedan validarlas.
5. Finalmente, **inscríbete en algunos grupos** donde se discutan temas en los que puedes ser útil.

Creación estratégica de la red de contactos

LOS CONTACTOS

Más de 400 millones de usuarios en el mundo y 9 millones en España tienen perfil profesional en LinkedIn. Con estas cifras no podemos desaprovechar la oportunidad de llegar al público de nuestros servicios o productos utilizando esta herramienta social.

Todos los usuarios en LinkedIn tienen un perfil profesional que nos permite identificar si es un cliente potencial o alguien que nos ayudará a difundir contenidos. Observando el perfil de otros usuarios, también podemos encontrar el talento de personas que podrían ayudarnos en nuestro negocio.

En LinkedIn solo se puede crear valor cuando las personas con intereses complementarios conectan. No se puede crear valor si existen miembros aislados. Esto es precisamente lo que ocurre con las personas que crean un perfil y no desarrollan su red de contactos, esperando que ocurra un milagro y alguien los busque para ofrecerles un gran negocio.

Para trasmitir el valor o utilidad de nuestros servicios, dependemos directamente de los contactos y, por este motivo, la búsqueda y creación de nuevos contactos es un proceso estratégico.

LA RED DE CONTACTOS
Crear una red de contactos es mucho más que enviar invitaciones a posibles clientes. Tu red de contactos te ayudará a conseguir objetivos porque, a través de ella, conseguirás ejercer influencia. Por este motivo, debes visualizar tus objetivos previamente.

Si quieres crear una red de contactos que te ayude a conseguir clientes, debes describir a los diferentes tipos de contacto que podrían ayudarte. Estos son: posibles clientes, personas conectadas a tus posibles clientes y personas que validan tus habilidades profesionales.

- **Posibles clientes:** Este tipo de contacto es aquel que tiene el perfil de tu cliente. Debes ser muy cuidadoso al conectar con él por primera vez, ya que no debe detectar que llevas intención de venta.
- **Personas conectadas a posibles clientes:** Mucha gente cree que la mejor manera de hacer un nuevo cliente a través de LinkedIn es conectando directamente con él. Pero lo cierto es que conseguir que alguien nos recomiende funciona mucho mejor. A los contactos de nuestros contactos se les llama "contactos de segundo nivel" y la persuasión sobre ellos funciona perfectamente cuando nuestros contactos directos (de primer nivel) hacen el trabajo de intermediarios.
- **Personas que validan tus habilidades profesionales:** Los profesionales de nuestro sector, actividad económica o académica, estudiantes, etc. Todos aquellos que puedan validar tus experiencias y conocimientos a través de tus contenidos o, directamente, marcando tus habilidades en tu perfil.

Para conseguir una red de contactos eficiente y saludable es necesario que evites tener contactos que no pertenecen a los grupos descritos anteriormente. Recuerda que a través de tu red de contactos detectarás muchas oportunidades, pero si tienes contactos inadecuados, te será difícil verlas.

CÓMO CREAR CONTACTOS

Crear un nuevo contacto en LinkedIn es un proceso lógico y de sentido común. Lo que ocurre es que las personas no suelen actuar con criterios lógicos. Cuando vamos a hacer un contacto, el objetivo es que no perciba que vamos a venderle algo, que vamos a pedirle trabajo o que piense que queremos explicarle lo bueno que somos en determinada actividad. **Debemos acercarnos a un nuevo contacto con intención de ayudar.**

Entonces, ¿cuál es la mejor forma de hacer un nuevo contacto? **Demostrando interés genuino por lo que le interesa a la persona con la que queremos conectar.** No es necesario sobreactuar y menos fingir.

Demostrar interés genuino por lo que le interesa a una persona no significa decirle que te gusta mucho lo que hace, sino que quieres saber más o entender mejor sobre un tema que le interesa a esa persona. No deberías decirle que te parece interesante su trabajo, sino más bien preguntarle: "¿Cómo haces tu trabajo?".

En resumen, para demostrar interés genuino **es mejor preguntar e indagar que dar halagos con afirmaciones que no son creíbles.** Cuando a un desconocido le hacemos afirmaciones como "qué buen artículo has escrito" o "tienes un perfil profesional impresionante", conseguimos que esa persona no se crea lo que decimos. Sin embargo, si formulamos preguntas del tipo "¿podrías darme un ejemplo de lo que comentas en tu artículo?" o "he visto en tu perfil que tienes experiencia en videomárketing, ¿qué duración recomiendas para este tipo de vídeos?", estamos demostrando que realmente nos interesa lo que hace esa persona.

En realidad, para conectar con un nuevo cliente solo necesitas tener un pretexto. **Pero si quieres caer bien en un primer momento, debes intentar que ese pretexto sea un interés genuino por lo que hace esa persona.**

Utilizando este método caerás bien y conectarás de forma favorable. También lo puedes aplicar fuera de LinkedIn, al hacer contactos de forma presencial u *online*.

CÓMO HACER QUE LOS CONTACTOS TE RECUERDEN

Conforme vaya creciendo tu red de contactos, será necesario que estas personas no te pierdan de vista. Esta labor, que costaría muchas horas, LinkedIn la ha resuelto con las notificaciones de lo que les sucede. Así, esta herramienta puede enviarte avisos cuando cambian de trabajo, celebran un año más en su puesto, publican artículos o, incluso, cuando cumplen años. Todas estas informaciones son pretextos para interactuar con tus contactos, mantener viva la relación y detectar oportunidades.

Los avisos sobre los cambios profesionales que atraviesan pueden ser una oportunidad para tentar el inicio de una relación comercial o de una venta. Este tema lo veremos con más detalle en la lección sobre persuasión en LinkedIn.

AMPLIACIÓN DE LA RED DE CONTACTOS
CON LOS GRUPOS, EL SEGUNDO Y TERCER NIVEL

Al participar en los grupos de LinkedIn, automáticamente tu red de contactos se amplía, porque aunque los miembros del grupo no son tus contactos, puedes enviarles mensajes directos e iniciar una relación profesional con ellos.

En LinkedIn tienes acceso a los contactos de tus contactos (segundo nivel) y a los contactos de estos últimos (tercer nivel). Por lo tanto, **tu red la integran las personas con las que has conectado directamente, las personas que pertenecen a los grupos en que participas y los contactos de segundo y tercer nivel.**

Pasos para desarrollar tu red de contactos
* **PASO 1:** Define los tres perfiles que te ayudarán a ejercer influencia (clientes, personas conectadas a tus clientes y personas que validen tus habilidades).

- **PASO 2:** Busca y únete a los grupos donde participan estos posibles contactos.
- **PASO 3:** Escribe el mensaje de solicitud de contacto que te servirá para conectar por primera vez con los perfiles que has definido. (En la lección 4 explicaremos cómo hacer mensajes de solicitud con ejemplos).
- **PASO 4:** Envía algunas solicitudes de contacto e, inmediatamente después, LinkedIn comenzará a proponerte personas con los perfiles que has indicado.
- **PASO 5:** Repite este proceso al menos quince minutos diarios durante un par de semanas y conseguirás que LinkedIn únicamente te proponga ese tipo de contactos y que además te notifique sus actualizaciones para que detectes oportunidades de venta. (Lo veremos en la lección cinco sobre persuasión en LinkedIn.)

EJERCICIO N° 3

1. **Define los tres perfiles de contactos que necesitas.** Incluye en cada uno el papel que desempeñan profesionalmente, sus aspiraciones o problemas y lo que les impide conseguir esos resultados.
2. **Define el tipo de grupo donde participarían estos perfiles.** Búscalos y detente solo en aquellos que tienen más de 500 contactos.
3. Aunque todavía no has llegado a la lección 3, **intenta escribir el mensaje que usarás para solicitar ser contacto de alguien.**
4. **Prueba a enviar algunas solicitudes y agradece** a la persona que acepte tu solicitud.

Forma correcta de presentarse en LinkedIn

*El 90 % de los profesionales no se presenta
de forma correcta en LinkedIn.*

Teniendo en cuenta que a nadie le interesa lo que hace tu empresa, el secreto para acertar al presentarte en LinkedIn está en lo que le interesa a la otra persona. Esto también funciona así en una presentación cara a cara. De hecho, puedes probarlo cuando quieras.

A las personas no nos interesa lo que hace un desconocido, solo nos interesa lo que hacemos nosotros.

Veamos la forma incorrecta y la forma correcta de presentarte en LinkedIn:

- [Incorrecta] "Hola, quisiera presentar mi empresa (o mis servicios)."
- [Correcta] "Hola, quisiera conocer más sobre vuestra empresa (o vuestros servicios)."

Seguro que ya lo has entendido, pero te ayudaré un poco más con un ejemplo en dos pasos para conectar con un desconocido:

- Mensaje 1: Buenos días, XX, me gustaría estar en contacto contigo, seguro que puedo aprender mucho de vuestra actividad.
- Mensaje 2: Hola, XX, gracias por aceptar que seamos contacto, cuando puedas me gustaría saber más sobre tu empresa.

Persuasión en los mensajes en LinkedIn

LA PERSUASIÓN

Persuadir es el acto de ejercer influencia sobre la decisión de una persona. En principio, la persuasión no debería tener connotaciones negativas, pues es diferente a la manipulación, término con el que se le suele confundir.

La persuasión es un mecanismo cuyo objetivo es **conseguir que una persona vea, entienda o crea algo que le conviene**. Tanto la persona que ejerce la persuasión, como la persona que es persuadida, deben conseguir beneficios. Sin embargo, la manipulación suele aportar beneficios solo al que la ejerce y no al que la recibe.

Antes he comentado que la clave para persuadir la tiene la persona que será persuadida, por lo que **la verdadera habilidad de la persuasión se encuentra en la capacidad de leer o interpretar al sujeto que quieres persuadir**. Esto es necesario porque cada persona ve el mundo según sus creencias, prejuicios y experiencias. Si eres capaz de leer a una persona, podrás ver el mundo como lo ve él y en ese momento estarás preparado para comunicarte en su mismo idioma, ya que parecerá que compartís el mismo mundo.

¿Cómo puedes ver el mundo como lo ve la persona a la que quieres persuadir? Esto lo conseguirás con la práctica. Puedes leer a una persona según cómo gestualiza, cómo viste, cómo mira y cómo se expresa sobre sí misma y sobre determinados temas.

Para conocer las opiniones de una persona, la mejor herramienta es "el arte de preguntar". Así, **si eres oportuno en tus preguntas podrás leer perfectamente a cualquier persona**.

Adicionalmente, existen elementos que podemos utilizar para mostrarnos persuasivos como, por ejemplo, la autoridad y la confianza en el primer contacto. **Si demostramos autoridad en un determinado tema**, ya sea porque sabemos mucho o porque nos recomiendan, **seremos percibidos como influyentes en dichos asuntos**. Además, si conseguimos generar confianza desde el primer contacto, el camino de la persuasión estará despejado.

En LinkedIn, las tres habilidades más potentes para persuadir clientes son la de **generar confianza desde el primer contacto**, la de **hacer preguntas** y la de **mostrar autoridad**. A continuación veremos cómo emplear estas herramientas.

LA PERSUASIÓN EN LAS VENTAS

LinkedIn es un entorno social donde, además de saber persuadir, es necesario tener la habilidad de no parecer un vendedor. Si en esta red profesional te presentas pidiendo mostrar tus servicios, que prueben tu producto o que te concedan una reunión, deberías dejar de hacerlo inmediatamente, porque a los participantes en LinkedIn no les interesa que les vendamos la moto.

Cuando las personas participan en Google, puede que lleven intención de compra, pero cuando lo hacen en LinkedIn sus intenciones son otras como las de aprender o presentarse y, por lo tanto, son más reacias a los vendedores.

Ten en cuenta que participar en LinkedIn es como encontrarte en una reunión con otras empresas. Sería una situación rara e incómoda si al acercarte a una persona te presentas diciendo que representas a la empresa X y que quieres mostrarle tus productos. Pues bien, esto mismo es lo que sucede en LinkedIn cuando intentas vender en el primer contacto.

En resumen, para persuadir a un nuevo cliente en esta red profesional, debes seguir los siguientes pasos:

1. Generar confianza en el primer contacto.
2. Realizar preguntas para entender lo que le preocupa a esa persona.
3. Activar el mecanismo para que el cliente potencial sepa en qué le puedes ayudar, sin decirlo tú.

- **Cómo generar confianza en el primer contacto**
  Al igual que en los encuentros presenciales, para acercarte en LinkedIn a cualquier persona desconocida debes hacerlo con un pretexto lo suficientemente válido como para no ser rechazado.

  Un pretexto eficiente es aquel que es percibido de forma positiva por la otra persona. Por ejemplo, un pretexto muy poco eficiente es hablar de tu producto o servicio. Sé que crees que tu producto es muy bueno (como si fuera tu hijo), pero te aseguro que los demás no piensan lo mismo.

  Un tipo de pretexto percibido de forma positiva al interactuar con una persona extraña por primera vez, es **demostrar interés genuino** por algo que le interesa a esa otra persona.

  Para conseguirlo tan solo debes realizar una mínima búsqueda de los temas que le interesan a esa persona con la que quieres contactar. Esto es muy fácil hoy en día con las redes sociales e Internet. En realidad, bastará con ver su perfil y así encontrarás lo que le interesa profesionalmente.

Si quisieras conectar por primera vez conmigo a través de LinkedIn sería un error si me dijeras que tienes un producto muy bueno que me puede interesar. Lo que tendrías que hacer es ver a qué me dedico o qué temas me interesan. Con esas pistas, bastaría con que compartieses una opinión sobre uno de mis artículos o me hicieras alguna pregunta sobre cómo aplicarlo a tu empresa.

A todas las personas nos gusta hablar sobre temas que nos apasionan, aunque sea con desconocidos. Por este motivo, un vendedor acierta cuando comienza una conversación en LinkedIn mencionando algo que le interesa mucho al cliente y no de los productos que vende. Más tarde nos interesará hacer negocios con personas que demuestran interés genuino por lo que hacemos.

Otro pretexto eficiente para conectar por primera vez con un desconocido en LinkedIn es entregando contenido de ayuda, solo que en este caso debes realizar un proceso previo. Si intentas compartir contenido útil con un desconocido, la probabilidad de que no lo acepte es muy alta porque no existe la confianza previa. En este caso, lo mejor es difundir el contenido de ayuda en LinkedIn o en tu blog, a través de artículos o vídeos y luego compartir aquellos contenidos útiles que hayan tenido mayor interacción. Esto te aportará mucha autoridad y generará confianza.

Imagina que eres un asesor comercial especializado en costumbres comerciales en Rusia. Si publicas un artículo en LinkedIn sobre el tipo de contrato que se debe realizar cuando se vende a un cliente ruso, podrás saber quiénes han leído ese contenido. Después, con ese pretexto, podrás establecer una conversación con esas personas. Además, al saber que eres el autor, habrás generado ya algo de confianza. Adicionalmente, toda la lista de personas que han leído tu contenido, tienen interés en el mercado ruso. Ten en cuenta también que si este contenido sobre contratos en Rusia tiene mucha interacción, podrás compartirlo con nuevos contactos que creas que tienen el mismo interés.

- **Cómo formular preguntas para conseguir argumentos de persuasión**

Las preguntas adecuadas nos permiten entender cómo ve el mundo la otra persona. En LinkedIn puedes preguntar a tus contactos lo que quieras, pero piensa que debes acertar con el mínimo número de intentos posible.

Las preguntas permiten mantener una conversación en donde el protagonista es la otra persona y no nosotros. Los vendedores suelen tener conversaciones en las que son ellos o sus productos los protagonistas y esto, una vez más, activa el mecanismo de defensa y desconfianza de los clientes.

Si mantienes conversaciones donde la otra persona va explicando y contando su forma de trabajo, lo que le gusta, cómo piensa o cómo opina, pronto identificarás una oportunidad para ser oportuno e intentar ayudar.

La mejor manera de inspirar confianza es siendo de ayuda. Para ello, es necesario saber en qué podemos ser útiles y esto se identifica haciendo preguntas.

Así, cada vez que quieras mantener una conversación en LinkedIn con uno de tus contactos, debes hacer preguntas y luego leer detenidamente sus respuestas buscando oportunidades.

Comienza con preguntas más generales y, mientras vas detectando oportunidades, sé más específico en tus preguntas.

- **Cómo ser percibido como autoridad de un tema determinado**

No debes decir que eres bueno o experto en dicho tema. Recuerda que esa es una opinión que se debe crear tu público sin que lo menciones tú directamente.

La forma eficiente de demostrar autoridad a un determinado público es **compartiendo conocimiento útil para ellos**. De esta forma, las personas podrán valorar dicha ayuda y crearse una opinión sobre tu habilidad.

Es importante que el contenido que compartes y el público que lo debe recibir tengan mucha relación o tampoco se creará la percepción de autoridad. Por ejemplo, un profesional de las finanzas que decide compartir consejos básicos sobre inversiones, debe tener claro que el público que lea sus contenidos tendrá pocos conocimientos sobre inversiones, pero le interesa el tema.

LinkedIn ofrece muchas herramientas para demostrar autoridad y lo mejor de todo es que también nos facilita la información de las personas que consumen nuestros contenidos, de las que lo comparten y de las que aportan comentarios.

EJERCICIO Nº 4

Escribe unas plantillas para:

1. Tus mensajes de solicitud de nuevo contacto.
2. Tus mensajes de agradecimiento cuando aceptan tu solicitud de contacto (incluye además una pregunta o comparte un contenido de ayuda).

Ejemplos de publicaciones
en el muro de LinkedIn

La forma más efectiva de usar la publicaciones en el muro de LinkedIn es incluyendo llamadas a la acción en forma de enlaces. De esta manera, provocaremos que el cliente potencial realice el próximo paso.

En el siguiente ejemplo verás que la propuesta es indirecta. Es decir, el tema está relacionado y la propuesta se realiza dentro del contenido. Después, se continúa con la explicación.

EJEMPLO DE PUBLICACIÓN EN LINKEDIN
CÓMO VENDER EN LINKEDIN

- **Seguros**
- **Inmuebles**
- **Servicios profesionales**
- **Negocios en red**

En LinkedIn se piensa que la barrera más importante que debe sortear un vendedor es conectar con clientes sin ser rechazado. Esta barrera desaparece cuando ponemos el foco en ayudar y pedir ayuda a otros profesionales en LinkedIn.

En realidad, el reto de la venta a través de LinkedIn está en conseguir una reunión de ventas sin insistir.

Cada reunión de ventas que consigas sin que el cliente esté deseando reunirse contigo tendrá un 3 % de probabilidad de éxito.

Sin embargo, si consigues reuniones de venta donde el cliente esté esperándote con mucho interés, la probabilidad de cierre se incrementa a un 97 %.

En resumen, si quieres tener éxito vendiendo a través de LinkedIn, tu objetivo es conseguir que el cliente sea quien te pida una reunión comercial, de forma presencial, por teléfono, Skype, etc.

En el siguiente ejemplo puedes ver una publicación en la que invitamos a los contactos a participar en un curso. En este caso, la primera línea debe llamar mucho la atención de tu público.

EJEMPLO DE PUBLICACIÓN EN LINKEDIN
¿Cómo toma decisiones la mente de tus clientes?

Te lo explicaremos paso a paso y podrás vender con facilidad. Participa en el seminario "Neuroventas" este jueves 26 de octubre. Con este código NEUROVEN-TASPRO pagarás solo 30 €. Programa e inscripciones aquí: (enlace al programa).

En el siguiente ejemplo, puedes ver otro tipo de publicación que utiliza un contenido breve para promocionar un segundo contenido. Este está en una página web en la que se espera que el candidato siga dando pasos hasta la reunión comercial.

EJEMPLO DE PUBLICACIÓN EN LINKEDIN
¿QUIERES QUE EL CLIENTE ENTIENDA Y VALORE TU PRODUCTO?
A continuación, te explico por qué no lo consigues:

La mayoría de vendedores piensa que la mejor manera de hacer que el cliente valore el producto es transmitiendo beneficios en vez de sus características.

Lo cierto es que esto no funciona, las personas no podemos validar el beneficio que explican los vendedores, en todo caso tendríamos que hacer un acto de fe.

En la mente de las personas existe un mecanismo muy antiguo llamado "aversión a la pérdida". Este es el motivo por el que nos gustan mucho los resultados a corto plazo. Siempre que invertimos dinero o tiempo tenemos la necesidad de ver resultados muy pronto, de lo contrario sentimos que hemos perdido el esfuerzo y dinero invertido.

Si entiendes cómo funciona el "sistema de aversión a la pérdida" en la mente de los clientes, lograrás hacer que tu cliente entienda el valor de tu producto o servicio. En este artículo explico cómo funciona y cómo utilizarlo a tu favor:

Leer: "¿Cuáles son los mensajes que sí consiguen que el cliente valore nuestro producto?" **(enlace al artículo en la página web o blog)**

Creación de contenidos en LinkedIn

FACULTAR AL CLIENTE

El cliente que no compra tu producto o servicio es porque no sabe o entiende lo necesario para tomar una decisión de compra. En otras palabras, el cliente no está facultado para tomar tal decisión. Es responsabilidad de tu proceso de ventas conseguir que el cliente sepa todo lo necesario antes de pedirle que dé el paso de comprar. **El contenido es la herramienta más potente para facultar a un cliente y proveer las herramientas necesarias para que desee nuestro producto o servicio.**

La mayoría de las veces que pensamos en contenidos lo hacemos imaginando formatos digitales como artículos de blog, imágenes, vídeos, webinars, etc. Pero lo cierto es que el contenido no siempre se muestra en formato digital. Las formaciones, seminarios, talleres y conferencias en formato presencial también son contenidos que facultan al cliente.

MÁRKETING DE CONTENIDOS

Este término describe un proceso de ventas donde el contenido es la herramienta que genera interés a un extraño y faculta a un cliente potencial. Los pasos del proceso de ventas usando contenidos son muy claros y los explico con detalle en mi curso en UDEMY "Márketing de Contenidos: El arte de crear el público para tu producto o servicio".

- Paso 1: Crea interés y atrae clientes sin ser rechazado.
- Paso 2: Persuade y faculta sin insistir.
- Paso 3: Crea las condiciones para que tus clientes se conviertan en tus vendedores.

EL CONTENIDO EN LINKEDIN

En LinkedIn podemos crear contenido que genere interés y a la vez facultar a otras personas. La difusión del contenido que produzcas directamente en LinkedIn va a depender de la red de contactos que hayas creado, del perfil profesional que muestren y de la forma en que te comuniques con tu red a través de mensajes. El desarrollo de estas habilidades lo hemos visto ya en lecciones anteriores.

Para crear un contenido de ventas en LinkedIn debes tener en cuenta las siguientes premisas:

1. **Debes eliminar de tu mente el mito del contenido interesante.** No se puede captar la atención de una persona con algo interesante, esto únicamente puede lograrse con algo útil.

2. **Antes de generar contenido piensa en la solución específica que quieres vender**. No pienses en tus productos o servicios porque estos generalmente suelen brindar diferentes soluciones. Por ejemplo, el servicio de un *coach* puede solucionar muchas cosas. Pues bien, en este caso es necesario pensar solo en una de las soluciones.
3. Finalmente, **piensa en todo momento en ser útil y en ningún momento en ser importante**.

Ahora ya estás listo para crear contenidos en LinkedIn.

Existen tres partes importantes que debes cuidar en cada uno de tus contenidos (artículos): el título, el mensaje y la llamada a la acción. Veámoslas a continuación con más detalle.

- **El título**

  Es la puerta de entrada a tus contenidos y, por lo tanto, si no se abre no conseguirás facultar al cliente. Debes escribir títulos que roben su atención.

  Mi recomendación para crear títulos se basa en cómo pensamos las personas. A todos nos gustan los caminos cortos (atajos) y también descubrir cosas que siempre nos hemos preguntado, pero no hemos investigado. Así es como nace el título tipo ¿Cómo? y el título tipo ¿Por qué? El primer formato dice cómo resolver un problema y el segundo despierta nuestra curiosidad porque nos revelará algo que queríamos saber. Ejemplos: "Cómo cerrar una venta" y "¿Por qué los clientes tardan en responder a una propuesta?".

  En realidad, cuando instruimos o revelamos algo creamos títulos que roban la atención de las personas, siempre y cuando esas personas tengan el perfil que nos interesa.

Estos formatos presentan variaciones en la forma de escribirse para no repetir siempre las fórmulas Cómo y Por qué. Por ejemplo: "7 maneras de", "3 formas de", "5 claves para", etc. Cualquiera de estos ejemplos equivale al Cómo porque vamos a instruir. Por otro lado, para hacer variaciones del formato en que haremos un descubrimiento, únicamente debemos escribir una afirmación contraria a lo que usualmente piensa la mayoría de la gente. Por ejemplo: "Las personas más felices son las que han aprendido a vender". En este caso creas curiosidad porque vas a revelar algo nuevo.

- **El contenido**
  Es el cumplimiento de la promesa que hiciste en el título. Por este motivo, es muy importante que formules el título antes de escribir el contenido. Únicamente de esta forma, te focalizarás en el mensaje y no te dispersarás.

  La recomendación para escribir el contenido es centrarte en tres argumentos contundentes que confirmen o expliquen lo que has formulado en el título. Puede que tengas más, pero te sugiero que elijas los tres más relevantes y te enfoques en ellos. Al lector de Internet no se le puede robar la atención por mucho tiempo y sería una lástima que abandonase el contenido o lo enviase a favoritos.
- **La llamada a la acción**
  Es el momento en que indicas al lector a seguir una acción que hará que la relación comercial se inicie o continúe. La mayoría de empresas que crean contenidos descuidan este aspecto importantísimo para que el proceso de ventas fluya.

Puedes utilizar las siguientes formas para que el lector inicie una acción:

- **Sugerir la lectura de otro contenido, sobre todo cuando consideras que necesitas que consuma ambos contenidos para que termine de entender y facultarse.**
- **Sugerir la descarga de otro contenido cuando necesitas segmentar a las personas que están listas para iniciar una relación comercial.**
- **Pedir ayuda, por ejemplo, con una pregunta o consejo sobre un tema que controla el cliente cuando quieres crear relaciones que te permitan conocerle mejor.**
- **Ofrecer ayuda gratuita, por ejemplo, invitando a una charla, conferencia, taller o videoconferencia.**

Lo importante es no perder la continuidad con el cliente potencial y como el consumo de tu contenido está dentro del proceso de ventas que te has marcado, debes evitar que el cliente abandone el flujo del proceso.

EJERCICIO Nº 5
1. Escribe las diferentes soluciones que brinda cada uno de tus productos.
2. Formula títulos con esas soluciones.
3. Escribe una lista de argumentos que justifiquen o validen los títulos planteados.
4. Elige solo los tres argumentos más relevantes para cada uno de tus títulos.
5. Formula la llamada a la acción para cada uno de tus contenidos. Ten en cuenta que la lectura de

tu contenido forma parte del proceso comercial. Entonces, la llamada a la acción debería enviar al candidato al siguiente paso del proceso de ventas.

Pasos para participar en grupos de forma eficiente

LOS GRUPOS

En LinkedIn existen grupos con casi todos los temas de la gestión empresarial. Los objetivos de participar en los grupos son conseguir que nuestra red de contactos crezca de forma segmentada y que podamos desarrollar nuestra influencia sobre los miembros de los grupos donde participamos.

En muchos de los grupos es necesario solicitar el ingreso y que el moderador apruebe nuestra participación. Estos suelen ser los más interesantes, aunque también hay que tener en cuenta si el número de miembros es significativo para nuestros objetivos.

Es posible buscar los grupos que nos interesa usando el filtro de búsqueda avanzado de LinkedIn. Esto nos permite segmentar por especialidad, número de miembros, zona geográfica e idioma.

DESARROLLO DE LA RED DE CONTACTOS A TRAVÉS DE LOS GRUPOS

Es una muy buena práctica desarrollar nuestra red de contactos en LinkedIn apoyándonos en los grupos, porque nos permiten dar pasos más largos. Cada vez que nos aceptan en uno nuevo, automáticamente tendremos acceso directo con cualquiera de sus miembros.

Imagina que tuvieras 1.000 contactos. En principio, solo podrías enviar mensajes directos a estos contactos. Sin embargo, al hacerte miembro de un grupo que contiene miembros con el perfil que te interesa, automáticamente tendrás permiso para enviar mensajes directos a todos ellos. Tu posibilidad de ejercer influencia sobre este grupo de personas se incrementaría significativamente.

Para que el desarrollo de contactos a través de grupos sea efectivo, debemos elegir únicamente a los grupos que contienen miembros que nos interesan como clientes, colaboradores o socios.

En resumen, al participar en cada uno de los grupos que te interesan podrás:

- Enviar mensajes privados a cualquier miembro de los grupos, independientemente de que sean contacto tuyo o no.
- Difundir tus contenidos en cada uno de los grupos a los que perteneces.
- Interactuar con otros miembros de forma pública a través de sus publicaciones.

DESARROLLO DE LA INFLUENCIA A TRAVÉS DE LOS GRUPOS

Existen dos formas de desarrollar tu influencia a través de los grupos en LinkedIn. Antes es necesario que te recuerde que las ventas son un ejercicio de influencia sobre la decisión de compra del cliente. Por este motivo es muy importante que desarrolles tu influencia para que tus ventas fluyan de forma natural.

La primera forma de desarrollar tu influencia a través de grupos en LinkedIn es mediante la participación en las conversaciones que se producen en los grupos. Cuando un miembro de un grupo hace una publicación, inicia la posibilidad de que se produzca un hilo de discusión sobre el tema. Cuando participamos aportando nuestra opinión sobre las publicaciones de otros miembros tenemos la posibilidad de demostrar nuestra autoridad a través de nuestras experiencias sobre el tema.

Cada vez que interactúes con una publicación de otro miembro del grupo provocarás que el dueño de la publicación se entere de que tienes una opinión sobre el tema. Podrías darle simplemente a "me gusta" o compartir la publicación, pero en tal caso pasarías por alto la oportunidad de que el autor se enterase de tu opinión. Por lo tanto, siempre será mejor realizar un comentario. Es verdad que tendrás que escoger bien las publicaciones en las que debes participar. Puedes usar el criterio de comentar solo las de tu público objetivo.

Cuando participas en un grupo, además del dueño de la publicación, todas las personas que han interactuado con la publicación se enterarán de tu nueva opinión sobre el tema y esto provocará que tu influencia fluya a través de las personas. Por eso, es tan importante que elijas aquellas publicaciones en las que haya muchas interacciones.

La segunda forma de desarrollar tu influencia a través de los grupos de LinkedIn es mediante tus propias publicaciones. En este caso, serás tú quien inicie temas de discusión y atraerás público hacia tu contenido. Este puede estar fuera de LinkedIn, por ejemplo, en el blog de tu empresa. Es una buena alternativa para dirigir a tu público potencial hacia el sitio web de tu negocio.

Para que perfecciones tu habilidad para crear contenido y hacer publicaciones en los grupos, te recomiendo que revises nuevamente la lección 5 de este curso. Ahí encontrarás la fórmula para escribir contenido que persuada y que puedas publicar en LinkedIn, iniciando así un hilo de discusión.

Realizar publicaciones propias en los grupos es el primer paso para iniciar relaciones comerciales con los que consumen tus publicaciones. Lo mejor de todo es que ellos no saben que ya se encuentran dentro de tu proceso comercial.

PUBLICACIONES EN GRUPOS

Te recomiendo que tus publicaciones incluyan contenidos que los miembros puedan leer en tu blog o en LinkedIn, pero a la vez que encuentres la manera de persuadir a las personas que leen tu contenido para que revelen su identidad y pasen a formar parte de tu club de clientes potenciales.

En las publicaciones que se encuentren en tu blog o en LinkedIn debes incluir llamadas a la acción para que estas personas acepten iniciar comunicaciones comerciales. Por ejemplo, alguna vez he publicado en los grupos a los que pertenezco el artículo "Cómo compra la mente de las personas", y cuando los miembros del grupo hacen clic en esta publicación, son redirigidos hacia mi blog. Luego, dentro del contenido, en algún momento invito a descargar un documento sobre cómo vender en LinkedIn, y así se inicia un proceso de venta automático.

CREANDO TUS PROPIOS GRUPOS

LinkedIn te permite crear tus propios grupos. Esto requiere un extra de esfuerzo por tu parte, pero merece la pena intentarlo porque nos permite ser los dueños de las reglas del grupo.

Al iniciar tus propios grupos podrás invitar a las personas que te gustaría que pertenecieran y fijar las políticas de participación. Además, eres tú el que decide quién participa y qué contenido se publica.

Otro aspecto muy importante al tener tus propios grupos es que puedes enviar mensajes directos a todos sus miembros.

EJERCICIO Nº 6

1. Utiliza el filtro avanzado para **buscar los grupos donde participan los profesionales que te interesan.**
2. **Solicita que te acepten en todos ellos.** El máximo es cincuenta grupos y no tienes que conseguir todos, pero en cuantos más participes, más influencia podrás ejercer.
3. Una vez que te hayan aceptado, **intenta comunicarte con el moderador o creadores** y preséntate a ellos. Intenta ser de ayuda, siempre necesitan profesionales que colaboren con ellos.
4. **Elige las discusiones donde quisieras participar** y aporta tu opinión.
5. **Crea tu propio contenido** y publica en los grupos a los que perteneces.
6. **Intenta crear un grupo tú mismo** e invita a personas con el perfil idóneo para que participen pero, sobre todo, que aporten opiniones y contenido. (Este paso solo lo debes ejecutar si dispones de tiempo suficiente como para conseguir que el grupo tenga un número significativo de miembros y para iniciar estímulos con el fin de que los miembros participen.)